友常勉

始原と反復

本居宣長における言葉という問題

三元社

始原と反復　目次

序章　本居宣長における反復という問題

第一章　始原の言葉

終章　古道と権道

序章　本居宣長における反復という問題

第一節　『真暦考』

『真暦考』は一七八二年（天明二）、宣長五三歳のときの著作である。[1]　一七六四年（明和元年）に着手された『古事記伝』の初帙が刊行されるのは一七九〇年（寛政二）であるが、この頃は、村岡典嗣の分類によれば、『古事記伝』に結実する古学研究が本格化し大成する宣長の生涯の第三期の後半にあたる。またちょうど一七八二年は「鈴屋《すずのや》」で知られる自宅二階の勉強部屋の増築が成った年でもある。[2]

『真暦考』は、「この天地のはじめの時に、皇祖神《スメロギノカミ》の造らして、万の国に授けおき給へる、天地のおのづからの暦にして、……八百万千万年《ヤオヨロヅチヨロヅ》を経ゆけども、いさゝかもたがふふしなく、あらたむるいたつきもなき、たふときめでたき真の暦」について、つまり人為的につくられた暦法である中国の暦法が伝来する以前の、天地自然のままになった古代ヤマトの「自然の暦法」＝「真の暦」を再現しようとするものである。[3] 冒頭で次のようにいわれる。

あらたまの年の来経《キヘ》ゆき、かへらひめぐらふありさまは、はじめ終《ヲハリ》のきははなけれど、大穴牟遅少毘古那《オオナムヂスクナビコナ》の神代より、天《ソラ》のけしきも、ほのかに霞の立《タチ》きらひて、和《ノド》けさのきざしそめ、柳などももえはじめ、鶯などもなきそめて、くさぐ〳〵の物の新《アラタ》まりはじまる比をなむ、はじめとはさだめたりける[4]

大意はこうである。新しく改まる年が「来経ゆき」＝やって来てそして過ぎゆき、「かへらひめぐらふ」＝繰り返し巡る、そのありさまははじめと終りの区別はない。しかし、オオナムヂスクナビコナ（オホクニヌシ）の神代より、天の景色は霞が立ちこめ、のどけさがきざし、柳の葉も萌え、鶯も鳴く。さまざまな事象が新たにはじまる頃をもって、「はじめ」と定められたのである。

「来経」と「はじめ終」という中心的な言葉をおりこんだこの巻頭の文章に、『真暦考』

の趣旨が表現されている。「来経ゆき」「かへらひめぐらふ」時間は、自然の事象の始まりにあわせて始まり、それが時間の流れのなかの始点としての「始まり」となり、同時に先行する時間の終りを告げる。過去・現在・未来という一方向的で絶対的な時間の運行ではなく、ここにあるのは反復する時間である。と同時に、この反復する時間は、「霞の立きらひ」、「柳」の「もえはじめ」、「鶯」の「なきそめ」など、「くさぐ〵の物の新まりはじまる」という、出来事の変化の痕跡によって知覚される。この痕跡としての出来事の変化を経由して、「来経」という時候は体験化され、経験が時間化されるというのである。[5] ただしここで、知覚される出来事の変化は、反省的な認識以前の感覚として表現されていることにも注目しておきたい。ああ、今朝は霞がたちこめている、という印象は、まだ反省的に想起された記憶や認識ではないからである。

　古代社会では「年の首《ハジメ》」はこのように感知され、観照され、説かれてきた。しかしその後に伝来した「から国」の暦法は古代中国における「三正」のように、体制におうじた暦の交代が持ち越され、年の始まりと十二の月とが重なりあわない。このような自然の摂理に反する中国の暦法と古代ヤマトにおける自然の暦法とは峻別されなければならないと宣長は主張するのである。『真暦考』は、かくして、中国の暦法の伝達以前の古代ヤマトの自然の暦法について検討し、『日本書紀』の紀年に疑問を呈したことで知られている。しかしむしろこの論考については、小林秀雄が宣長の「古学の眼」が十分に発揮された作品として絶賛したことのほうが有名なのかもしれない。[6] ただし小林秀雄の場合には、常に出来事の経験が自分の記憶や心像《イマージュ》のうちに「所有」されることを望んでいた。[7] 宣長の場合にもとめられたのは習慣化であり、「記憶」という契機はまだ重視されていない。小林秀雄と宣長の方法とのあいだのそうした明らかな隔たりについては、おって論じていくこととしよう。

さて、宣長によれば、「一とせの来経行あひだ」を四つに区分し、春夏秋冬とすることも、神代より続いてきたことである。おそらくは「温かなる暑き涼しき寒き」の四つの変化があるからであろうと推定したうえで、「正月はあたたかなる始」「七月はすゞしき始」であるから、それぞれ春のはじめ、秋のはじめとされたのであるという。あらかじめ一年のサイクルが想定されて四つに区分され、さらにそれがまた三つの月に分割されたのではない。四つの春夏秋冬についての記紀の出典を参照しながら、以上のように主張するのである。四つの区分からなる〈反復する時間〉によって形成されている事象の時間。すでに、春夏秋冬という区分の背景に、実際の、物理的な時間の流れとは区別される形而上学的《メタフィジカル》な〈反復する時間〉がある。同時に春夏秋冬はそのメタとしての時間そのものの表現でもある（ただし、本質・理念–表象という二元論によって理解されてはならない）。そして四つの時間はさらに三つの形式に縮約される。

かくてこのような時を、又はじめなかば末と、三つづゝにきざみて、春の始秋のなかば冬の末などいへりき[8]（強調引用者）

「はじめなかば末」という三つのこの時間の区別はあくまで「そのをり〳〵の物のうへを見聞て知れりしこと」であり、天地自然の運行、農耕的な慣習にしたがって定まったものである。だからこうした反復の時間を「人みなよく見しり聞しりて、違ふことなかりきかし」だったのである。そして、例えば「春過ぎて夏来たるらし、白妙の衣ほしたり、あめのかぐ山」の古歌には、こうした自然の運行のうちに、ひとの行為＝しわざが読み込まれ、その「大らかな」時間観念が表現されているというのである。[9]

ここで、〈はじめ‐なかば‐末〉と切り取られた時間は、春‐夏‐秋‐冬の時間がそうであるように、過去・現在・未来という絶対的で不可逆的な順序をもった時間ではない。それは純粋形式として切り取られた純粋時間の形式である。だが、ここで体験の時間化をうながした物の変化の痕跡について、「春過ぎて…」と歌に詠みこむことは、先にみた反省的な認識以前の感覚とは異なるだろう。ここでは体験が事後的に和歌の修辞にしたがって構成されているからである。出来事の痕跡としての世界と、事後的に修辞的に構成された歌の世界とはここで区別しなければならない。和歌によって詠みこまれた時間は確かに古代中国から移入された暦法が表現する時間観念とは異なるし、天象と「更衣」という人間の行為が重ね合わされているが、しかし根源的な時間体験そのものではない。そもそも宣長自身がより根源的な体験へと向かおうとするからだ。宣長の説明は根源的な、痕跡としての世界を提示することに固執しつづけるのである。「あらたまの年が来経《キフ》れば、あらたまの月は来経《キヘ》ゆく」という『古事記』中の歌の解釈に即しながら、「来経」という言葉の定義について、宣長は次のように述べる。

来経はきへ、きへとは、古事記に、倭建命《ヤマトダケノミコト》の御歌に答へ奉り給へる、美夜受比賣《ミヤズヒメ》のうたに、あらたまの年が来経《キフ》れば、あらたまの月は来経《キヘ》ゆくと見え、万葉集十五のまきに、あらたまの月日も来経ぬとあるごとく、年月日いづれにまれ、いまだ来ざりしが、つぎ〳〵に来つゝ経行《ヘユク》をいへり[10]（強調引用者）

大意はこうである。「来経」とは、ヤマトタケルの歌に答えるミヤズヒメの返歌「あらたな年がやって来て過ぎてゆけば、新たな月が過ぎてゆく」のなかの言葉である。また『万葉集』十五巻にも「あらたな月日がやってきて過ぎる」と歌われている。[11] 年月日いずれにせよ、まだ来ていないものがつぎつぎにやって来て過ぎてゆくことをいうのである。

「来経」とは、「いまだ来ざりしが、つぎ〳〵に来つゝ経行をいへり」という。未来に属する「いまだ来ざりしもの」が次々にやって来て、すぎて行くことであると。「来経」として把握されたこの時間の本質は、本来的に〈過ぎ去る〉ということである。[12] さらにこれは「数えること」によって提示されるものだ。宣長は続けてこういう。

さて来経といへば、すなはち年月日の経ゆく事になりて、万葉などに、け長くとおほくよめるも、来経《キヘ》長くにて、そのほどの久しきをいふ古言《フルコト》、又日を数《カゾ》へていくかといふも、幾来経《イクケ》、暦をこよみとつけたるも、来経数《ケヨミ》にて、一日〳〵とつぎ〳〵に来経るを、数《カゾ》へゆく由の名なり、されば今一季の来経といへるは、春夏秋冬いずれにまれ、一季を経る間のことなり[13]

「来経」とは、季節の長さや、一年という期間などの一つの時間のまとまりのことである。そしてこの「来経」という言葉は、「来経数《ケヨミ》」という古義に遡及しながら「数える」ことと結びつけられている。ここでは、言葉の古義的な読みを通して、前《プレ》‐テクスト的な主題が発見されている。さらにそれをテクストの構成に対照していくことで、その構成規則もまた再発見される。「来経数《ケヨミ》」「数む」という読みは古義にとどまらず、対象としているテクストそのものの構成を規定するものとなるのだ。古代・上古の時間観念がこうしてテクストを支配する構成規則として理解されることになるのである。このとき、これを注釈＝解釈する宣長という〈個〉はテクストを構成しているひとつの差異として、テクストの構成規則の一部と化している。このように注釈学とはテクストの反復的注釈をとおして差異を発見し、それをテクストの構成規則に付け加えていくことなのである。『古事記伝』のなかで駆使されているこの方法についてはおって省みることとしよう。

　以上をふまえて、宣長によれば、過ぎ去る時間を提示することができるのは、「数えること」＝「数《ヨ》むこと」によってであるということになる。実際、暦はなくても月のはじめが存在すれば、その次を二日、三日目を三日として日数年月が定められる。だから「中昔」までは「二日三日」とは呼ばずに、「二日の日」「三日の日」と呼んでいたのだと宣長はいう。さらにいえば「すべて上代には、一二三《ヒトフタミ》より千万《チヂヨロヅ》といふまで、たゞ物の数を計《カゾ》ふる名にこそ有けれ、次第《ツイデ》をいふ名にはあらざりき」というのである。[14] 上代においては数をもって提示されているものは「たゞ物の数を計《カゾ》ふる名」であり、「次第《ツイデ》」＝時系列的な順序をしめすものではないというのだ。ここで「数える」＝「数《ヨ》む」というふたつの読みにまたがって意味づけされていることは、それが純粋形式において観照された事象に対して何も付け加えずに反復するということである。あるいはこういってよければ、反復の形式を徹底することである。反復とは何にもまして行為である。その行為は出来事のかかわりの全体を反復することなのだ。例えば親を失うという、ある起点をもった体験も、〇年〇月〇日というデータによって記憶されるのではない。「たゞ其季《ソノトキ》のそのほどと、大らかにさだめて、ことたれりしなり」、今日では十日もちがえば大問題となろうが、上代においては、「此樹の黄葉のちりそめし日ぞかし」とすることで十分だったというのである[15]。反復とは、その体験のかかわる全体の反復である。ハイデガーの用語をもちいるならば、世界＝内＝存在における用具的な存在者が、その〈世界＝内〉的で用具的な関係、つまり木々が紅葉し、農耕と祭礼があり、そして天候や季節に応じた語らいがあった、その全体を反復することなのである。

　だがまた再び、宣長の説明はこうした出来事の痕跡としての時間を、ひとつの可能性へと限定していくものだ。先の引用につづけて述べられている次のような例証はそのことをしめしているだろう。「また日次の定まらざりし世には、いくかの日といふことなければ、それまでを尋ぬべきにもあらざれば、ただ去年の其季のそのほど、来むとしのその季のそのころといひ、あるはいく年さきの、其季のそのころ、いまいくとせ有ての年の、その季のそのほどなどいふべし」[16]。つまり、暦法の定められる以前には、本来的に日付を決定する基準がないのだから、単に去年のいつごろ、過ぎた年のある季節のこと、また、数年先のある季節のことなどのように、過去や未来が表現されたという。この論証で問題なのは、過去を提示する仕方が未来を提示するそれと同じであるということである。それらはあくまで過去を提示する仕方を参照基準として提示される。それは、過去と未来が反射的に（つまり一つの事柄が相対的に）同じであるということであり、また対称的に（つまり二つの事柄が同じ条件、同じ関係、同じ構造を持つという意味において）同じだということである。この場合には、未来は過去の反復としての、ただひとつの到達可能な、偶然のない世界だということになる。これは、出来事の痕跡としての世界という把握とは異なる。出来事の痕跡としての世界でも、過去と未来は反射的であり対称的であるだろう。しかし、その二つの時間のあいだには非連続性という契機がある。ここには時間についての論理学的な二つの把握、二つの世界観がある。こうした問題をはらむ宣長の説明は、ア・プリオリな因果関係に依拠せずに、時間観念の成立について、出来事の変化の痕跡を起点に問題提起した時点で、避けて通れないことだったというべきである。

先回りしていえば、ここに表れている二つの世界は、差異と反復という問題系に関係している。そして、本書では、この問題系がはらむ様相をまとめて、〈反復の形式〉と呼ぶのである。

なお宣長の言語論において、時間の問題が言及されていたということは付言しておくべきだろう。しかも宣長は、結びとして用いられる助動詞「し」がふたつの時間の意味を持つことから、その使用法について注意を喚起している。係り結びの体系化をめざした著作である『てにをは紐鏡』（一七七一年成立）と『詞の玉緒』（一七八五年刊行）のなかで、係り結びが「は」や係りの助詞のない場合に結ぶ「し」は現在の意味で、「ぞ」「の」「や」の係りに対応して結ぶ場合の「し」は過去の意味で用いられていると断定している。そしてこうした用法の区別を「自然の妙法」（『てにをは紐鏡』）と呼んでいる。[17] これは今日の文法規則からいえば過去を指示する「し」と詠嘆を含意する場合の「し」との違いを言い当てているが、宣長は時間の区別が無意識の言語使用につねにすでに表れていることの妙を指摘しているのである。

ところでこうした考察ははたして『真暦考』における宣長の議論を大きく踏み越える抽象論だろうか。なるほど宣長はあくまで『真暦考』の考察を「そのをり〳〵の物のうへを見聞て知れりしこと」という形而下の現実世界から遊離せずに、この現実世界こそ唯一無比の存在であるとして議論を進めている。だがこの「をり〳〵の物のうへ」という世界は常に同時に形而上学的な意志の表現でもあるのだ。そこには本質・理念–表象という二元論とは異なる、形而上学的な意志と表象の世界とが、互いに互いを前提としつつ想像上の置換をなしている二重性が見出される。宣長が時として「神妙なる理」について言及するのはそのような二重性に言及するときである。『真暦考』に対する論難を反駁した著作である『真暦不審考辨』のなかで、四つの時間区分、三つの時間形式の存在証明に対して繰り返される疑義に対して、宣長はこう答えている。

（四季を三つに分けることに何の意味があるのかという批判にたいして）タゞ四季ヲ大ヤウニ三ツニ分タルマデニテ、其始メ終リノ日モキハヤカニ定メズ大ラカナルガ、実ハ宜キ理アリテコソ、神ノカクハ定メオキ玉ヘルナレ、其然ル理ハ、人ノ知ヲ以テ測知ベキニアラズ[18]（『真暦不審考辨』、強調引用者）

〈はじめ‐なかば‐末〉という三つの契機からなる純粋形式は、神の定めた神妙・霊妙なる「理」であり、「人ノ知ヲ以テ測知ベキニアラズ」ものなのである。世界の始まりが有する神秘とは、どうして世界における存在が純粋な形式を有して存在しているのかということでもある。宣長にあるのはこの形而上学的な〈形式〉の実存についての強固な確信なのである。[19]

この〈形式〉は世界の「妙理」を仏法や道教、陰陽道などに依拠しないで分類するための手がかりであり指標のひとつとなりうる。[20] 古道が根拠とする古代ヤマトの〈法〉を――「妙理」を――宣長は単なる便宜や暗喩ではなく確固とした法則であると考えていた。この点は宣長と同じように、同じく中国の暦法や制度が到来する以前の古代ヤマトの風儀人情に心を寄せつつも、そこに〈法〉を認めることはあくまで便宜と考えていた上田秋成との相違でもある。[21] まさに「霊妙な」こととは、人間の観照はこうした経験の世界と「妙理」の形而上学的な世界という異なる次元のあいだを反復し、総括をおこなっているということなのである。――そして再び先回りしていえば、宣長の古学における方法論の大きな特徴とは、こうした形而上学的な形式の構造を把握する観照の働きを、古代ヤマトにおける神々の「妙理」という存在へと置き換え、実体化していくことだったのである。

ところでここから、宣長が『古事記伝』一之巻に置かれた弁神論的な方法論の宣言である「直毘霊《なおびのみたま》」の「道」についての定式――「(道とは)ただ物にゆく道」であり、「身のほど」にあわせた「技」の総体であるということ――が、〈はじめ-なかば-末〉の反復の形式とその観照によって構成される習慣について言い表したものであるということも知れるだろう。それはいかにして習慣が習慣となるかという、習慣の神秘についての意識化なのである。反復の形式についての観照は、やがて来るものへの期待をともない、人は行為をとおして自己の期待したイメージが期待通りに実現することによって、あるいは期待にしたがって想像上の置換をおこなうことによって、反復の形式が臨在したことを知る。それは「教へずて有べき事」(『真暦考』)として、日常の習慣の繰り返しをつかさどっているのである。[22] ちなみに、「物にゆく道」の「物」はここで実体ではない。それは行為や動作、観照の目的語にあたるものであり、さらにこういってよければ、中国語の虚字、あるいは英語でいうIt構文のit(=仮主語《ダミー・サブジェクト》)にあたるものだ。あくまで習慣という形式を導くために先取される虚数にすぎない。それは存在しつつ、しかしまた存在しない非-存在でである。

事後的に構成されるしかない〈事実〉を、先験的に存在する〈理〉や〈道〉として再定義するパラドックスの解決の仕方に、東アジアの文化圏におかれた徳川期の倫理思想の根本的な命題はあった。宣長の言説がその圏外に出ているわけではない。一八世紀前半に成立する国学が、古代ヤマトの始原性と後代との非連続的な連続性の構築を注釈学的実践によって説きはじめたとき、宣長は始原とは〈反復の形式〉なのであるという原理の徹底によって、〈道〉のパラドックスをめぐる思想闘争に（おそらくはその最後期の闘争に）介入したのである。

ところでこの思想闘争における宣長の党派的立場《イデオロギー》は、宣長が学的探求の出発点を歌論においていたことと無関係ではなかった。

第二節 「数《ヨ》む」と「賦《ヨ》む」

反復の形式に対して宣長が早くから意識的であったことは、青年期の歌論である『あしわけをぶね』と『石上私淑言』から推察することができる。

物ヲカソフル事ヲモ、ヨムト云、コレモ二ツ、三ツ、四ツト声ニ出シテヨム也[23]（『あしわけをぶね』）

歌を始めて製作するを余牟《ヨム》といふに二ッの義あるべし。……定りてある詞をたゞことばにつぶ〳〵とまねびいふ事也。されば古き歌をも。後にうたはずして。たゞよみにつぶ〳〵とまねびいふをば余年《ヨム》といへるなるべし。……をのづから製作することをも余年《ヨム》といふやうになりけるなるべし。……今一ッの義は。歌は心にあはれとおもふ事共をいひつらぬること。物をかぞふると同じ意《ココロバヘ》にて余年《ヨム》とはいふ也。もろこしにて詩を作る事を賦するといふに此義かなへり。……さて右二義のうち後の義は。をのづから賦字の意と相かなひたるはさる事なれ共。上古の言のやう。事のこゝろをつら〳〵おもふに。なお前の義まさるべき也。[24]（『石上私淑言』、強調引用者）

二つの歌論で取り上げられている「（歌を）ヨム」の古語におけるヴァリアントである「カソフル（数ふる）」＝「賦」は、『詩経』の六義にいわれる修辞の一つである。それはまた『古今集』真名序・仮名序でも言及されていることである。のちに『古今和歌集遠鏡』（一七九四年・寛政六年に成立か）で宣長は仮名序の口語訳を試みて、そこで「此カゾヘ歌ト云ハ其事ヲタヾコトニ云テ物ニタトヘナドモセヌモノジャ」と訳している。[25] この訳にもあるように「賦」を単純に「数を数えること」と同一視してはならない。『詩経』注のなかでいわれてきたように、あくまで〝その名を指してその事を直叙すること〟なのである。[26]

とはいえ宣長は「賦」の原義のひとつである「数えること」を手がかりとしてこの「賦」に反復の形式を読み取り、それに託して「歌をよむ」という行為を提示しようとしている。『真暦考』でしめされたように、古代における数とは「次第《ツイデ》」(優劣や時系列をともなう順列)ではなかった。ここでも数はあくまで「二ッ、三ッ、四ット声ニ出シテヨム」=「数える」「賦《かぞ》える」対象である。この「数/賦える」とは、いいかえれば「定りてある詞をたゞことばにつぶ〳〵とまねびいふ事」というように、枕詞や序詞など歌の修辞を守りながらことばを「つぶつぶ」と「まねぶ」=模倣することだというのである。模倣とは、それが事象であれ古歌の修辞であれ、反復の行為をいう。しかも、こうした反復は、「心にあはれとおもふ事」を契機にして「定りてある詞」で言語にすることである。存在する事象を「二ッ、三ッ、四ッ」としてヨム=数えることとは、すでに事象が反復されていることを意味している。このとき、「数えること」で総括しているのは自らが「心にあはれとおもふ事」そのものについての観照である。そしてその観照を契機に、事象がひとつの反復として切り取られる=「数えられる」のである。反復=歌詠み=賦みは、すでに存在している「定まりてある詞」という修辞の形式にあくまで沿いながら構築されるのである。この歌論において、心的印象を〈賦〉と修辞的形式性にもとづいて表出するということは、近代の詩学でいう「写実」と異なる点であろう。そして「数える」「賦《かぞ》える」という行為の形式性は、「二ッ、三ッ、四ット声ニ出シテヨム」所作がしめすように、言語化に先んじて、言語化をうながす形式性が、この反復の行為のうちに存在していることをも意味している。反省的思惟に先だって、それはまず「数える」のである。〈数〉と〈数を数える〉という純粋形式が言語を規定しているのだ。宣長がのちに『詞の玉緒』などの係り結びの合法則性のなかに見出した「霊妙」なる作用とは、係りと結びの対応関係の合法則性であると同時に、それが自己の恣意性にもとづく言葉の選択に先行して、まさに自己にとっては外在的かつ他動的にこの対応関係が決定され、しかも習慣としての合理性をも持つということであった。それは係りと結びの対応関係のうちに、言語の統辞論的な対応の規定関係とは区別される形而上学的《メタフィジカル》な反復の形式が存在し、作動しているということの発見だったのである。[27] それはすでに初期の歌論において先取りされていたのである。そして、宣長の歌論における「もののあはれ」というナルシシスム的な構造がもつ他律的性格もここに起因している。作歌という行為においては、心的印象についての期待が反復の形式によって導かれていくからこそ、自己の心的印象の追求という自己の快楽の追求でありながら、あたかも自己が他動的に律されているかのように観照されるのである。

ところで宣長の時間理解に話をもどすなら、その時間理解における「数える」「賦《かぞ》える」という提示の方法は、そのまま習慣を提示するためにも不可欠であった。習慣はそのままでは提示されない。あくまで〈数〉や序詞・枕詞などの「定まりてある詞」として修辞化され韻律化された事象という間接的なイメージの発話を介して提示されるものなのだ。習慣——すなわち「妙理」——の運動に従属している時間とは、あくまで間接的なイメージの言語活動を媒介して提示されるということでもあるのである。

ここで、イメージについての言語行為を媒介するという宣長の理解の特質を、「妙」という言葉にひきつけてもう少し検討しておきたい。世阿弥伝書の言葉「妙とは『たへなり』となり『たへなり』と云は、形なき姿也。形なき所、妙体也」（世阿弥『花鏡』妙所之所）を参照しよう。[28] これは「最高、最上、極めて優れている」ものを意味する「妙」が、中世の言説においてどのように提示されていたかをしめす端的な例であろう。筒井佐和子の整理にしたがえば、世阿弥のこの芸道論において、「妙」は「言表不能」であり「言語で表現できない」「心行所滅」の「無心」の境地である。[29] それは演者が感じるだけでなく、観客との交感においてもこの「無心」の境地が遂行される。「有無二道にとらば、有は見、無は器なり。有をあらはす器は無也」となり、「無心」において「有」が定位されることになるのである。[30] 世阿弥においては、「妙」なるものが提示され、交感と感応を生み出すことは、あくまで不断にとどまることのない身体の動作そのもののなかに内在しているのであり、そこに言語活動を混じえてはならないのだ。世阿弥（そして筒井佐和子によれば沢庵和尚も）にとっては「妙」の伝達を汚染してしまう言語活動が、翻って宣長の場合には、言語活動こそが交感と感応を可能にするものと価値転換されていることに注意したい。宣長にとっては時間観念であれ習慣であれ、そこに現働化されている「妙理」は「有」として有徴化されねばならないのだ。禅宗の影響下にある中世的言説と、そうした制約のない近世的言説との相違がここにあらわれている。

加えて、中世的言説から宣長の言説への転換においては、宮川康子が例証した、契沖学の位置が措定されなければならないだろう。[31] 宮川は、空海の「即俗而真」を踏まえて、真言と和歌をつなごうとした契沖の和歌陀羅尼観が、禅宗や法華宗が文字言語を通して至極の境地へと到達することを否定したのに対して、俗世間の言葉に真をみたことを指摘する。それは「空海の理想を、和歌の注釈という実践を通じて追求」する立場である。[32] たしかにそれは、古代ヤマトコトバを憧憬の対象として構成された真淵や宣長の古学とは一線を画しつつ、しかしなおその古学への看過できない回路であろう。

このことは、契沖による普遍化によって、表象と行為主体の言語活動についての理解がまったく新しいものに変わったということを意味するかもしれない。それは中世的言説においては不可視であることが是とされた真理と事実事象とのあいだをつなぐ回路が、言語活動という事実事象をもって視覚化されたということである。宣長に立ち返れば、世阿弥の「妙」と宣長の「妙理」はいずれも「妙理」に支配されているが、宣長のそれは物理的な時間と事象の運動がおたがいを補完しあうためにふさわしい適切な形相をさぐりあっている。ひとつの形相をめざして言語化されるこの運動は、契沖の普遍化に対する抵抗を通して遂行されるだろう。そこには歌論を介して古学にむかった宣長の学的関心にしたがって表現された、宣長の特異性が刻印されているということである。この特異性を時間と空間の視覚化における近世的段階として、問題をさらに展開していくことも可能であるかもしれない。そしてそのためには、宮川が示したように、近世に蓄積された仏教各宗派の教学研究に目を配ることも必要となろう。ただしそれは本研究の課題ではない。ここではひとまず、この時間理解の提示の仕方に、中世においては不可視で断絶されたままでよいとされた「妙理」を、可視的な連続性において表現しようという、表象についての原則の転換があらわれているということを指摘しておきたいのである。いいかえれば、主客が混然とした状態から、新たな主観性の次元の現れとして、表象世界が成立しているのだ。宣長の古学とは、契沖学を介したこうした表象の原則の転換を前提にして成立している。しかもこの主観性は、主客の分離や公私の区別に向かう途上にありながら、その両極のいずれかに埋没しているわけではない。したがって、そこにあるのは近代的主体ではない。近代国民国家との関係からいうならば、そのような意味で、スーザン・バーンズがいうように、宣長の国学とは「国民以前」の言説ではある。[33] それはむしろ、言語とメタ言語の対立と均衡を提示しようとしている点で、神話的思考への〈後退〉という意味での〈新しさ〉というべきなのかもしれないが。

第三節　横領と形式性

反復の形式が他動的であるということは、しかし、心に「あはれ」を感知する作用者の存在を無化するということではない。むしろ習慣や「技」をとおしてこそ反復の形式が実現するように、作用者の行為なくして反復の形式は存在しない。より根源的にいえば、作用者の観照と想像力がないかぎり、反復が持続する流れから切り取られ、形式として顕現することはないのである。いわば〈始原〉に匹敵する作用者の行為と想像力という契機は、「反復に住みついている〈差異〉」である。[34]『古事記』の言説のうちから反復の形式を抜き取ることで古道論を構成した宣長の想像的な変換もそもそも〈差異〉にほかならない。だがここにアポリアが存在するだろう。真の差異とは、存在の一義性のことであり、比類のない特異性《シンギュラリティ》を意味する。そうした一義性や特異性は他の差異とどのように共存しうるのか？　あるいはいいかえれば、〈すべてが等しく差異である〉ような差異空間とはどのような条件のもとで可能となるのか？　強固な反復の形式を力として内包する始原性がそのまま一義性であるような宣長の古道論は、その漢意批判に表れているように、ひとつの「弁神論」（橋川文三）である。差異という観点からいって、国民国家の成立前夜に、国学とその擬古主義《アルカイスム》が「公定ナショナリズム」（ベネディクト・アンダーソン）のエージェントとなり、国家を志向する意志に優遇され、他の差異と共存不可能な一義的存在として純化していくとき、宣長の言説構成はそうした純化の雛形となった（もとより宣長以降の国学の言説の多様性――民衆との対話的な開放性、さらに津和野派国学のような開明主義との協調性を無視してはならない）。

　そもそも国学は、近代を目前にした精神史的系譜の断絶に対して、その系譜の再構築を、嫡出子《フィリエイション》による継承ではなく養子縁組《アフィリエイション》によっていかに可能とするかという危機感のもとで――つまり生の実存と実証性という歴史の審判にどこまで耐えられるかという認識のもとに――淘汰された幾多の言説に対するひとつの合理的回答である。差異をめぐるアポリアが解決できなかった非をひとり宣長に求めるのは生産的ではない。ただし差異性に関する宣長の方法論をめぐっては、つぎの二つの特徴を指摘しておかなくてはならない。

その第一は、宣長における〈横領〉－領土化という方法論である。宣長は『玉勝間』のなかの随筆「ひとむきにかたよることの論ひ」で、異説・他説に対する寛容な姿勢よりも、「ひとむきにかたよる」こと、つまり自説を守り、他説を厳しく批判する姿勢のほうが正当だと考えると述べている。[35]

世の物しりひとの、他の説のあしきをとがめず、一むきにかたよらず、これもかれもすてぬさまに論《アゲツラヒ》をなすは、多くはおのが思ひとりたる趣をまげて、世の人の心に、あまねくかなへむとするものにて、まことにあらず、心ぎたなし、たとひ世人は、いかにそしるとも、わが思ふすぢをまげて、したがふべきことにはあらず、人のほめそしりにはかかはるまじきわざぞ、大かた一むきにかたよりて、他説をば、わろしととがむるをば、心せばくよからぬこととし、ひとむきにはかたよらず、他説をも、わろしといはぬを、心ひろくおいらかにて、よしとするは、なべての人の

心なれど（「ひとむきにかたよること」『玉勝間』所収）

大意は、自論にこだわらないであれもこれも正しいとする立場は、自論をまげて世論に迎合することであるから、正しい姿勢ではないし、毀誉褒貶を気にするべきではない。たしかに、自説に固執するあまり、他説を咎めるのは了見の狭い姿勢であり、他説をも寛大に受け入れるべきであるというのは、一般的なひとの心情である。だが、と宣長はいう。

これもよし、又かれもあしからずといふは、よるところさだまらず、信ずべきところを、深く信ぜざるもの也、よるところさだまりて、そを信ずる心の深ければ、それにことなるすぢのあしきことをば、おのづからとがめざることあたはず、これ信ずるところを信ずるまめごゝろ也、人はいかにおもふらむ、われは一むきにかたよりて、あだし説をばわろしとゝがむるも、かならずわろしとは思はずなむ（同右）

つまり、あれもこれも妥当だというのは、自己がよってたつ根拠が定まらず、自分が信じている学説を深く信じていないからだというのである。自分の学説に自信があれば、異説の誤りを咎めないわけにはいかないだろう。これが「信ずるところを信ずるまめ心」、つまり誠実な態度だというのである。だから不適当な異説・他説の誤まりを批判するのはかならずしも悪くはないと思うと。

「まめ心」＝清廉潔白な誠実さというこの語の派生的な解釈と主体化としても記憶しておきたいこの強弁から連想されるのは、宣長のあからさまな儒学批判や「漢意」批判であるが、実際には宣長は隣接する諸学のみならず、みずからの思想的源泉に対してもこの立場を貫いている。後にくわしくとりあげることであるが、宣長の『源氏物語』論である『紫文要領』では、「うるはしき仏の心」という『源氏物語』の文言をとりあげて、「うるはしき」という言葉のなかに「もののあはれ」の物語的本質の表出をみてとる一方で、『河海抄』をはじめとする先行する諸注が、あたりまえに言及する法華経との関連や方便論などをばっさりと切り捨てる。仏教の知見を付会することは、和歌の本質を伝える物語としての『源氏物語』理解を阻害するといわんばかりの調子でそう主張するのである。「もののあはれ」を機軸に構築された宣長の表現史・思想史への確信がこうした強い立場を可能にしているのだが、このような一点の根拠をもって慣習的思考の異説・他説を全面的に批判し（一点突破し）、再構築する方法は〈横領《アプロプリエイション》〉と呼ばれる方法にひとしい。〈横領〉とは――現代批評にとってはなじみぶかい介入主義的な知的実践を意味しているが――先行研究の徹底的な摂取と換骨奪胎を企てる一方で、その先行するところの言説編成と理論的前提をまったく別の編成原理のもとに領土化《テリトリアライズ》してしまう。その意味では、自説の固執と異説・他説への容赦のない宣長の批判の方法は、党派主義的な批判と呼ぶよりも、〈横領〉――とりわけ差異の横領――と呼ぶほうがずっとふさわしいのである。宣長の古道論は信仰にほとんど近しい言葉の表出をもたらしているが、それは形而上学的な形式の存在の観照に根拠がある。それがみずからの文献学的-注釈学的作業における反復の形式の徹底によってもたらされていることはこれまで述べてきたとおりである。

第二に、より根本的なことは、宣長の場合、形式の先取構造が言葉の形象性figuralityをも抑圧してしまっている点である。[36] 形象性とは文字などのイメージ全般をも含む。しかし、統辞論的構造とは別に、同音異義語など音素とイメージとの関係、イメージとイメージ――漢字と漢字など――とのあいだの共時的な結合関係の生成もまた、形式性が保証するところのものなのである。古代ヤマトの言葉が表出する時間観念や係り結びの統辞論的構造にのみ形式性を認める態度は、それらの構造が共時的な場面で形象性と出会うときに生じる多様性と雑種性を拒絶することを意味する。つまり、言語や文字、音素という異なる系のあいだにおける差異を保証する形式性をその体系のうちに有していないということなのである。ここにみられる態度は、反復のうちに自己が自己に回帰する構造を、自己同一化の完成形態として期待する方法論である。[37] しかし実際には反復とは、常に自己とは異なる差異が共存している差異空間のなかに位置しているのだから、このような反復の形式性の固守とは、差異空間に抵抗しようとする反復の主体化に転化してしまう。反復そのものは差異空間のなかで中断されることはない。中断されるとすれば、それは主体化が中断されるのである。

　反復と差異は互いに矛盾しあうものとして理解されてはならない。反復と差異がおたがいを内在化していることに、形式性が抽出される根拠があるのである。反復の形式性を強化して差異を抑圧することは、反復と差異の本来のあり方を抑圧することである。つまり、反復とは差異に向かって常にすでに開かれているものであるという形式性を抑圧するのである。ここで反復と差異との関係を、〈始まりbeginning〉と〈起源origin〉との関係において整理するために、エドワード・サイードの『始まりの現象』を参照しておきたい。

……おそらく巻頭のエピグラフにヴィーコを引用し、彼の仕事を結論の主題にしようと決めたことで、私の（円環的な）核心は最善のものになるのだ。つまり、〈始まり〉とは始めであって重要なものである。しかしまた常に明らかにされてはいないことは、〈始まり〉は基本的に活動であるということ、それは究極的には、単純な線的な達成であるというよりも、回帰と反復を内在化しているということである。〈始まり〉と再びの〈始まり〉とは一方では歴史的なものであり、他方では神的なものである。ひとつの〈始まり〉はそれ自身の方法を創出するだけではなく、それ自身が方法でもある。なぜならそれは意図をもつからだ。つまり、〈始まり〉とは〈差異をつくる／おこなうmaking difference〉ことであるか、〈差異を産出するproducing difference〉ことなのだ。しかしまたここにこの主題の偉大な魅力があるのだが、差異とは言語による人間の作品の、すでに馴染んでいるものと豊穣なる新しさとの結合の産物だということである。[38]

神的な創造に属する〈起源〉に対して、〈始まり〉は人間的で歴史的な反復である。この反復と回帰を内在化している歴史的な行為としての〈始まり〉は、〈差異をつくる／おこなう making difference〉あるいは〈差異を産出する producing difference〉という行為をふくんでいる。[39] 言語現象は反復と回帰をとおして、自らを差異化させる――たとえばそれは反復される神々の妙理の提示として。さらに〈始まり〉が問題となるのは、それが固有の時間＝〈ある時間の始まり〉を創出するからである。だから〈始まり〉の言説は、ある歴史や文化が常に始原からの連続であると主張する必要があるときに立ち上げられる。いいかえれば、〈始まり〉の言説が書かれるのはそれが歴史の危機に直面しているときである――とりわけ〈近代〉の到来という危機に際して。この危機の言説において〈始まり〉が果たす役割を、サイードは血縁関係《フィリエイション》 filiation と養子縁組《アフィリエイション》 affiliation という言葉を用いて説明している。再び『始まりの現象』から引用しよう。これは原著が書かれたあと一〇年のちに再版されたモーニングサイド版に寄せられた序文である。

『はじまりの現象』を書いていたとき、私はそれが資料のうえでも議論のうえでも、モダニズムから、のちにポストモダニズムと呼ばれるものへの推移に多分に依拠しているということについて十分に意識していたわけではない。私の文化的傾向は全体において保守主義に染まっていた。そのことは私のテクストが、賭け値なしにその比重をモダニズムの頂点に位置する偉大な作品に置いていたことにはっきりしめされている。〈始まり〉がつくりだす中心点のひとつは、かなりの程度までモダニズムとは美学的かつイデオロギー的な傾向であるということ、そしてそれは血縁関係《フィリエイション》 filiation と呼ばれるものの危機に対する対応だということである。ここで血縁関係《フィリエイション》とは線的な、生物学的な基盤をもつ過程であり、子どもを父親へと結びつける関係のことだ。その危機は、近代の養子縁組《アフィリエイション》 affiliation に対する対抗的な危機を生み出す。それは、新たな、非‐家系的なやり方によって世界を再‐結集する信条や哲学や世界観《ヴィジョン》である。……イデオロギー的にも、社会的にも、擬似父権的にしかし養子縁組的に組織された権威の体制である、組織連合《シンジケート》、同業組合《ギルド》、そして国家の勃興は、こうしたことに並行している現象である。たとえそのさまざまな結果と規模が養子縁組《アフィリエイション》の美学的な多様性よりも、はるかに広範囲ではるかに多様であったとしてでもである。[40]

言語現象にかかわる二つの系譜が問題となる。ひとつは生物学的連続性を意味する血縁関係《フィリエイション》=自然的継承関係であり、もうひとつは擬似父権的で非-家系的な養子縁組《アフィリエイション》=作為的継承関係である（血縁-自然的継承と非家系的・養子縁組-作為的継承という二つの系統の訳語は保持されるべきである）。モダニズムは前者の系譜に危機をもたらし、その危機はさらに後者の系譜に深甚な対抗的危機をもたらす。とりわけ問題となるのは後者における美学的かつイデオロギー的な領域から、さらに広範囲におよぶ現象である。そして後者の作為的継承関係にとって、〈始まり〉を創出することは、失われ、不在となった起源を生み出すために決定的な役割を果たすのである。[41] 親を失った子どもは親を探し出し、自分との関係を生み出そうとするのだ——擬似血縁的な関係によって、あるいは養子縁組によって。このような対抗的言説が、その対抗的性格のゆえに近代的なものの準備でさえあることを説明するために、血縁関係《フィリエイション》と養子縁組《アフィリエイション》という一九世紀的であり、反-西洋的であり、系譜学的であるサイードの概念はすぐれて有効である。それは、反復と差異の本来のあり方が抑圧されることの歴史性を理解する手がかりとなるだろう。こうして、一八世紀後半から一九世紀初頭の徳川期日本においてひとつの潮流を形成した本居宣長の古学古道論が、「世界を再‐結集する」信条や世界観をどのように創出しようとしたのかを、私たちはその言説をとおして考察しようと考えるのである。

以上が本書の基本的な視座と全体の見取り図である。これにしたがって、第一章においては『古事記伝』における〈反復の形式〉を検討する。第二章では宣長の青年期の著作である『あしわけをぶね』と『石上私淑言』を対象に、「情」と「辞」をめぐる諸問題を、言語論と歌論が分岐する過渡的性格のなかに位置づける。第三章では「もののあはれ」論が成立する『紫文要領』を対象に、その美学的構造と社会的言説編成の効果について検討する。そして最終章では『玉くしげ』『秘本玉くしげ』と題される著作を対象に、宣長の古学の政治性を検討する。

ここにみられるように、本研究は宣長研究の慣習にならって、そのテクストを時系列的に検討し、古学の成立過程の追跡を研究の明証性の担保とするという方法論をとっていない。本章の最後にその理由の説明も兼ねて、研究史的な位置づけについて述べておきたい。

本研究は、宣長という存在をその臨界に置き直そうとは努めるが、その欠陥を難じて正すことを目指してはいない。ひらたくいえば、宣長批判よりも、その固有の論理構造の把握をめざしている。もとよりそれは、先行研究を見渡しながら宣長の学問と思想を日本思想史の流れに位置づけなおすことや、さらに同時代の思想家群との対照をとおして思想史のなかに位置づけることは私の力量を超えているからでもある。

とはいえ、本研究に研究史的な系譜が存在していないわけではない。

本書が、先にかかげたサイードによる起源と反復、系譜学と近代についての理論という見通しとともに、宣長のテクストを読むうえで依拠している方法にあえて系譜をもとめれば、それは現象学的還元《エポケー》にもとづく読みが起点となる。現象学的還元とは、フッサールの超越論的現象学において提唱された哲学的方法論であるが、経験的世界を括弧にいれる形相的直観から「世界信憑」を括弧にいれる超越論的還元を経ることによって、他者の経験や客観的世界の構成に向かう認識論的な態度である。[42] その晦渋な哲学的な専門用語とはうらはらに、日常的な生活世界の説明をめざしたこの認識論的方法は、対象に固有の体験の構造の自己同一性を壊さずにとりだすための方法論であるかぎりにおいて、イデオロギー批判的な立場や歴史主義的なアプローチを回避しようとする考察が多かれ少なかれ経由しているものである。そもそも、科学的態度の復権をめざすフッサール現象学自体が、道具主義と化した西洋的合理主義と科学主義的態度を〈還元〉するという意味での西洋中心主義批判であった。

現象学は、西洋においては、ハイデガーやゲオルグ・ガダマーを介して、聖書解釈学から発展してディルタイやヴォルフ、シュライエルマッハーを経た解釈学（hermeneutics）と相互に浸透しあってきた。二〇世紀初頭に日本の文献学を提唱した、芳賀矢一や村岡典嗣がその根拠をもとめた一九世紀ドイツの古典学者アウグスト・ベックの文献学は、実際には直観的-想像的局面と反省的-批評的局面をその方法論とした解釈学（hermeneutics）である。[43]これに対して、村岡はベックの学を形式的方面と内容的方面、考証学と注釈学へと抽象し、そのあいだをつなぐ想像力による回路については「予想」「循環的関係」としか言及していない。[44]村岡はここでベックの学を導入するにあたって、そこにあきらかであるドイツ・ロマン主義に基盤を置いた直観的な想像力の契機に深くたちいることを回避している。それは村岡が宣長の古伝説信仰を合理主義的に裁断したことと無関係ではない。それによって、その古伝説信仰に胚胎されている「生」の歴史的瞬間の体験の把握は遠ざけられた。これに対して、現象学的な認識論アプローチにふみだした、総力戦体制下での国民精神文化研究所の思想・教育運動のもとでの宣長研究や国学研究は、そのような「生」の歴史的体験の把握を問題としたのである。例えば、そのひとりである宮島克一『宣長の哲学』(一九四三年)は、村岡典嗣の宣長論がふみださなかった宣長の古学の信仰的性格の評価のために、それを「信仰哲学」として位置づけるうえで、「妙理」観照の認識論的枠組みと「古伝の絶対信仰」という信仰(〝古信仰の信仰〟)をその根幹として整理し、その信仰の現代的受容の是非を問題にしている。[45] 宮島のような「古伝の絶対信仰」という把握の前提となる宣長の観照への注目は、現象学的かつ解釈学的な内的体験の分析を方法論的な条件としている。

さらに、意識的に現象学的な方法論にもとづいて国学の言説を再評価する研究の好例として、宣長というよりは富士谷御杖や、時枝誠記が整理したような国学的言語論に依拠したものであり、また厳密には日本思想史というよりも、より大きな射程の作品であるが、坂部恵『仮面の解釈学』（東京大学出版、一九七六年）をあげることができる。さらに、坂部恵の研究の先蹤として、丸山真男の「古層論」がその基本的なアイディアを借りたことで知られている、紀平正美による『国體の哲学』（理想社出版部、一九四〇年）、同『なるほどの哲学』（国民精神文化研究所、一九四一年、のちに畝傍書房、一九四二年）などの著作群がある。坂部恵と紀平正美の研究は、一方が一九七〇年代日本という後期資本主義状況のもとで、ポスト構造主義を導きの糸に、主体構成的な西洋的理性の批判を目的としていたのに対して、他方が総力戦体制下での皇国主義的な国民精神文化の思想・教育運動の理論的支柱の確立をめざしたという点でその方向性は大きくかけはなれている。しかし、両者ともに、「である」に対する「がある」の論理、「ある」に対する「なる」の論理、いわば西洋形而上学の主体中心的な構造を批判し、他者性と他律性にもとづく意識と実践の言・行の遂行的局面とその存在論的性格に注目したという点では共通している（なお、こうした思想史の系譜をただしく把握するためには、さらに西田幾多郎と和辻哲郎を配した見取り図が必要であるが、宣長や国学研究という主題からはずれるのでここでは触れない）。そして、遂行的な言語活動とその情動にそくしたこれらの分析は、「生」の歴史的瞬間の把握をめざす現象学的表現にほかならない。いずれも外在的な要因や概念装置に依拠することなく、「生」の内在的な構成をめざしていたという意味で、〈現象学的還元〉をおこなっているからである。もとより、国民精神文化研究所の思想運動においては、その現象学的態度とはまったく別に、「神国日本」という信仰を前提にしていたのであるが。

宣長の時間論から起稿される本書がその〈妙理〉に注目するのは、それが「生」の体験の歴史的瞬間という主題にかかわっているからであり、その適切な構成をめざすことに本書の課題のひとつを置いているからにほかならない。問題となるのは、テクストのなかに貫かれている「生」の瞬間の体験と、それを把握する論理をいかに適切に提示するかである。本書が宣長のテクストを時系列的に並べていないのは、そのような「生」の体験の把握とは時系列的に形成されるものではないからである。むしろ時系列的な物語がつくりだす情動にこそ抵抗しなければならないだろう。時系列的な系譜的研究のすべてが、不断に再生産されている日本中心主義的な情動論としての宣長の古学の評価と関係を持つといいたいわけではない。しかし、時系列的な配置は、あたかも自然な感情であるかのように挿入されるイメージや回想や記憶という契機にたいして無警戒である。そうして自然化される体験の事後的形成に対して抵抗するためにこそ、現象学的な還元という方法とそれにもとづく再構成が必要なのだ。そしてこれが本研究において、宣長のテクスト群を「さかさまに」読んでみることの理由でもある。

注

1 版行は一七八九年（寛政元年）。なお以下、『真暦考』からの引用は、『本居宣長全集』第八巻（筑摩書房、一九七二年）。また特にことわりがないかぎり、『本居宣長全集』からの引用は、宣長全、八、頁数のように略記する。

2 村岡典嗣『本居宣長』（岩波書店、一九二八年）第一篇を参照。

3 『真暦考』に寄せた大久保正「解題」を参照。宣長全、八、二四〜二五頁。

4 宣長全、八、二〇三頁。

5 いうまでもないが、これはデリダによって定義された原-エクリチュールの時間-空間化（espacement）という問題でもある。ジャック・デリダ『根源の彼方に　グラマトロジーについて』（足立和浩訳、思潮社、一九七二年［原著は一九六七年］）下、一一七〜一四三頁。

6 小林秀雄「本居宣長補遺」『本居宣長』下（新潮文庫、一九九三年）、二八八〜三〇六頁。

7 小林秀雄が「彼（宣長）は、現在の己れの心のうちに甦り、己れの所有と化した過去しか、決して語った事はない」というとき、そこには小林秀雄による宣長の領有がおこなわれている。同右、三〇五頁。なお小林秀雄の本居宣長論における純粋な「内なる言語」の設定とその言語＝運命化（運命共同体化）の構造については、宮川康子「『内なる言語』の再生――小林秀雄『本居宣長』をめぐって――」（『思想』二〇〇一年第12号、No. 932）を参照。

8 宣長全、八、二〇五頁。

9 同右、二〇五～二〇六頁。

10 同右、二〇六頁。

11 『古事記』のこの段では「月が立つ」ことが月日が立つこととミヤズヒメの月経がはじまったこととを掛けている。三浦佑之訳・注釈『口語訳　古事記』（文藝春秋社、二〇〇二年）、二〇五～二〇六頁。

12 ここでドゥルーズがフッサールとハイデガーから継承した概念である「純粋過去」というアイディアはこうした「本来的に過去に属する時間」を理解するのに役立つ。ジル・ドゥルーズ『差異と反復』（財津理訳、河出書房新社、一九九二年）、一三八、一六三～一六五頁。

13 宣長全、八、二〇六頁。

14 同右、二〇七頁。

15 同右、二〇八頁。

16 同右、二〇八～二〇九頁。

17 宣長全、五、『てにをは紐鏡』および『詞の玉緒』六之巻、二二二頁。
18 宣長全、八、二三六頁。
19 ここに「答問録」の「神のしわざと申事を仮令の如く思ひ候ては、誠に老子にも流るべく候」という言葉を想起してもいいだろう。「妙理」は隠喩ではないのである。宣長全一、五二七頁（強調引用者）。
20 『紐鏡』における係り結びの類型は「三條の大綱」であり、それにつれて活用する用言は「三転の辞」であった。ここには〈法〉抽出の意識が表れている。
21 上田秋成「遠駝延五登」二、『上田秋成全集』第一巻（中央公論社、一九九〇年）、一〇三〜一〇四頁。
22 宣長全、八、二二四頁。
23 宣長全、二、二〇頁。
24 同右、一一九〜一二〇頁。
25 宣長全、三、一九頁。
26 檀作文《朱熹詩経学研究》（北京：學苑出版社、二〇〇三年）、二〇六頁。
27 こうした言語における反復形式とその「はじめ-なかば-末」についての考察は、先に参照したドゥルーズ『差異と反復』とともに、菅野覚明による考察がヒントとなっている。菅野は和辻哲郎の倫理学を検討しつつ、山田孝雄や時枝誠記の「完語の語形式」を論じながら、こういう。「言葉があるとは、立ちあらわれとして、すなわち『形式』というかたちで存在することである。表現は、内部の関係（意味）としての過去や未来とともに、それが形式として存立することにおいて関係するところの、外部としての過去・未来をも背負っている」。菅野覚明『詩と国家「かたち」としての言葉論』(勁草書房、二〇〇五年)、一六七頁。

28 日本思想大系『世阿弥 禅竹』(岩波書店、一九七四年)、一〇一頁。

29 筒井佐和子「世阿弥伝書における『無心』」『美学』三九(四)(一九八九年)。

30 同右、二七〜三三頁。

31 宮川康子「契沖学の系譜」『季刊 日本思想史』六九号(二〇〇六年一〇月)、所収。

32 同右、一八頁。

33 スーザン・バーンズが提起する「国民以前」の言説編成としての国学へのアプローチという方法論と本研究は、「発明された伝統」としての近代と前近代との断絶を強調するアプローチや、やはり起源の問題を差異主義的な〈起源〉とする脱構築的方法に対して批判的であるという意味において、立場を共有している。Susan L. Burns, *Before the Nation, Kokugaku and the Imaging of Community in Early Modern Japan* (Durham: Duke University Press, 2003)

34 ドゥルーズ、前掲書、一二八頁。

35 宣長全、一、一二〇頁。このエッセイについては、古学の方法論との関係という観点からの清水正之による言及がある。清水正之『国学の他者像 誠実と虚偽』(ぺりかん社、二〇〇五年)一五六〜一五七頁。

36 形象性figuralについては、ドゥルーズのリオタール『ディスクール・フィギュール』の検討を参照。ドゥルーズ、前掲、二九一〜二九二頁。また、国学における〈文字とその抑圧〉を検討した先駆的な業績として、村井紀『文字の抑圧 国学イデオロギーの発生』（青弓社、一九八九年）を参照。

37 子安宣邦がいう意味での宣長における自己言及性（自己＝日本への言及）とはこの意味で妥当している。子安『本居宣長』（岩波新書、一九九二年）。

38 Edward W. Said, *Beginnings : Intention and Method* (New York: Columbia University Press, 1985[1975]), Preface,p.xvii. 『始まりの現象　意図と方法』山形和美・小林昌夫訳（法政大学出版局、一九九二年）xvii頁。なお訳文は適宜あらためてある。なおサイードは〈始まり〉と〈反復〉の問題について、『世界・テキスト・批評家』山形和美訳（法政大学出版局、一九九五年〈原著は一九八三年〉）において再びとりあげている。さらに、サイードの〈始まり〉〈反復〉の概念をめぐる主要な論点については、上村忠男「ヘテロトピアの思考」、同『ヘテロトピアの思考』（未来社、一九九六年）所収、を参照。

39 ラテン語の語源からいえば、make の語源は facere (facio) で「する、おこなう」であり、fact の語源でもある。produce の語源は producere（produco）であり、pro（前へ）＋ducere（導く）であり、「産出する、生じる」の意味となる。なお、〈始まり〉がこのような意味で〈差異化する／差異を産出する〉という意味の言語活動であるということから、技術哲学における模倣と発明との関係に対比することができる。それはどちらも想像力の権能に属する。そのような意味で発明を「生産的構想力」、模倣を「再生的構想力」として把握した三木清の技術哲学がここで想起されていいだろう。これはサイードの提起を（そして宣長の言語論を）歴史哲学とその想像力へと橋渡しするために留意されてしかるべき論点であろう。三木清「技術哲学」『三木清全集』第七巻（岩波書店、一九六七年）、二三一頁。さらに想像力論がはらむ詩的知恵、神話の構想力までふくめた射程については、上村忠男「三木清の『構想力の論理』をめぐって」、同『ヴィーコの懐疑』（みすず書房、一九八八年）所収、を参照。

40 Ibid., Said, Preface to the Morningside Edition, p. xiii. 同右、「モーニングサイド版への序文」、xi頁。訳文は適宜あらためてある。なお、前掲注38、上村、三五頁はfiliationを〈自然的継承関係〉、affiliationを〈作為的継承関係〉とする訳語をあてている。

41 ここで、サイードとは異なった観点からデリダがモダニズムと起源の創出の問題をあつかっていることも指摘しておくべきだろう。デリダはモースの贈与論を参照しながら、言語と時間の創出という〈近代の起源〉の問題により注意をはらっているからである。Jacques Derrida, *Donner le temps : 1 La fausse monnaie* (Paris: Galilée. 1991).

42 現象学的還元についての紹介としては、フッサール『デカルト的省察』浜渦辰二訳（岩波文庫、二〇〇一年）および同書の訳注を参照。

43 村岡典嗣『本居宣長』（岩波書店、一九二八年）三四六〜三六〇頁。ベックの学については、Julie Anne Grover Klassen, *August Boeckh's HERMENEUTIK and its Relation to Contemporary Literary Scholarship* (A Ph.D dissertation submitted to the department of German Studies and the Committee on Graduate Studies of Stanford University, December, 1972) を参照。なお、「直観」と「行為」を重視するロマン主義を、国学からエマソンらのアメリカの超越論までを射程に論じているのは、柄谷行人「文学の地政学」、同『定本　柄谷行人集四　ネーションと美学』（岩波書店、二〇〇四年）所収、である。

44 村岡前掲書、三五九頁。

45 宮島克一『宣長の哲学』（高山書院、一九四三年）。

第一章 始原の言葉

第一節　始原の言葉

本居宣長は、天地創世を告げる『古事記』「神代一之巻」の始まりの言葉「天（アメ）」の名義《ナノココロ》を、「未思得ず」という。

> 天地初発之時《アメツチノハジメノトキ》。於高天原成神名《タカマノハラニナリマセルカミノナハ》。天之御中主神《アメノミナカヌシノカミ》。……次高御産巣日神《ツギニタカミムスビノカミ》。次神産巣日神《ツギニカミムスビノカミ》。此三柱神者《コノミバシラノカミハ》。並独神成坐而《ミナヒトリガミナリマシテ》。隠身也《ミミヲカクシタマヒキ》。
>
> 天地は、阿米都知《アメツチ》の漢字《カラモジ》にして、天は阿米《アメ》なり、かくて阿米《アメ》てふ名義《ナノココロ》は、未思得ず、抑諸《モロモロ》の言《コト》の、然云本《シカイフモト》の意《ココロ》を釈くは、甚難きわざなるを、強て解むとすれば、必僻める説の出来るものなり[1]（『古事記伝』三之巻、強調引用者）

「然云本の意」とは、「阿米＝アメ」という言葉がそもそもそのように名づけられ、名前をもって存在していることの所以である。そのような名前をもって〈在ること〉の理由を、合理的な論拠をもってしめすことはできないというのである。しかもそれは「阿米＝アメ」という言葉だけでなく、「抑諸の言」というように、言葉＝存在のすべてにおいてそういえるというのである。「天」という存在がどうして「ア」と「メ」という音によって構成されるのか、「ソラ（虚空・空）」はどうか。あるいは「カミ＝神」は（「迦微と申す名義は未思得ず」）[2]。さらには「ヤ・マ（山）」は、「ウ・ミ（海）」は……。もちろんこの問いを日本語に限定せず、接頭辞や接尾辞も加えてもいい。このことを音節と対象との結合という問題として考えれば、かつて吉本隆明『言語にとって美とは何かⅠ』の第一章でなされたような、音声が分節化され、音節のリズムから言語の美的価値が決定され、個的な事象から類的な概念が区別されていく、そうした言語現象のプロセスが想起されよう[3]。とはいえ「ア」と「メ」という単音の結合から構成された音節が、「天」を意味することになる関係は、偶然である（ソシュールにならっていえば、恣意的である）。さらには、そうした音節と事象との結合を、時枝誠記が考えたように、話者の感情と発話の場面に対応した内的体験に根拠づけられると考えるならば、音節が分節化する客観的形式において考えるだけでは不十分だということになる。[4] ただし宣長にとっての問題に戻れば、動機はどうあれ語源の解釈を考えようとする態度を批判して、そもそも言葉がこの世に生まれたその始原の経験に直面することを読者に求めるということに、本意があった。

古も今も、世人の釈る説《コト》ども、十に八九は当らぬことのみなり、凡て皇国の古言は、たゞに其物其事のあるかたちのまゝに、やすく云初名づけ初たることにして、さらに深き理などを思ひて言る物には非ざれば、そのこゝろばへを以釈べきわざなるに、世々の識者《モノシリビト》、其上代の言語《コトドモ》の本づけるこゝろばへをば、よくも考へずして、ひたぶるに漢意にならひて釈くゆゑに、すべて当りがたし、彼漢国も、上代の言の本は、さしもこちたくはあらざりけむを……[5]（同右、強調引用者）

宣長にいわせれば、言葉がそのように存在する理由を説明する「然云本の意」についての諸説はあたらない。なぜなら、「皇国の古言」は「たゞに其物其事のあるかたちのまゝに、やすく云初名づけ初たることにして、さらに深き理などを思ひて言る物には非ざれば」、つまり、物やことが、反省的な思惟など介在しないままに、存在する「かたち」そのままに名づけられたものだからだ。[6] 存在するものの「かたち」に対する名づけ初め、つまり事象と出会ってうまれた名づけという行為がまずある。しかも、始原の言葉の生成をめぐる上記のような事情は、言語現象一般についていえることだと、宣長は理解していた。つまり、「彼漢国も、上代の言の本は、さしもこちたくはあらざりけむを」というように、この〈始原〉の体験は「皇国の古言」だけのことではないのである。

ところでこのような〈始原の言葉〉は「やすく云初名づけ初」められたものだといったからといって、無内容で抽象的なものだということではない。事態はまったく正反対である。「三柱神」という創世の神々の降臨という始まりの〈始まり〉は不明であり、あくまで「奇しく霊しく妙なることわりによりてぞ成坐す」ものである。それは「心も詞も及ぶべきならねば、固り伝のなきぞ諸なりける」と、原初の起源であるから人知や言葉が及ぶものではなく、だからこそ伝承すらない。[7] とはいえこの「奇しく霊しく妙なることわり」は確固とした内容を持ち、その論理を次第に開示していく。その好例が「成・那流＝なる」についての解釈であろう。

さて那流と云言に三の別あり、一には、無りし物の生り出るを云、【人の産生《ウマルル》を云も是なり、】神の成坐《ナリマス》と云は其意なり、二には、此物のかはりて彼物に変化《ナル》を云、豊玉比賣命産坐時化二八尋和邇一たまひし類なり、三には、作事《ナスコト》の成終《ナリヲハ》るを云、国難成《クニナリガタケム》とある、成《ナル》の類なり[8]（同右）

創世の物語における生成の論理の言葉「成・那流」についての区別である。これについては丸山真男の論文「歴史意識の古層」において検討され、丸山によってbe born / be transformed / be completedの三つに翻案されたことでよく知られている。[9] 丸山の論文では、ユダヤ・キリスト教的な世界創造神話における「うむ」論理に対して、日本神話の「なる」の論理との違いを弁別し、「つぎつぎに・なりゆく・いきおひ」や「おのづから」など、近代化をも規定している日本的な「歴史の基層意識」の把握という構想にしたがって、「成・那流」は位置づけられている。さらに丸山は「つくる」と「なる」の違いについて、ユダヤ・キリスト教的な論理「つくる」においては「神と被造物との断絶性と、『なる』論理における連続性」を指摘している。[10] 他動詞「つくる」が対象に対して働きかける主体と客体とを截然と分かつことに対して、自動詞「なる」ではその区別よりも主客未分化な状態で働いている求心力を考えたのである。ただし丸山は、こうした目的論を排した宣長の「成・那流」の把握が、平田篤胤の場合には「…を生む」「…を造る」のような目的意識性にもとづく発想によって置き換えられていくことを指摘することも忘れてはいなかった。[11]

ところで、宣長が提示した三種類の「成・那流」からいえることは、丸山の論文で尽きているだろうか。これは宣長が発見した『古事記』のもうひとつの論理である「ツギニ（次に）」にもかかわることであるが、ここでまず区別されているのは、〈始原〉と、〈始原〉の〈反復〉である。第一の「那流」「無りし物の生り出る」こと、「神の成坐」ことが万物の創世であるのに対して、次の「変化」と「作事の成終」の二つは、〈始原〉の運動の反復である。根源的に一回性の行為である世界の創造と創造神の生成に対して、すでに始まりを告げた世界における生成・変化・成就は根本的に区別されなければならない。高天原における天之御中主神と、二柱の産巣日大御神の生成と、それを起点としてはじまる神々と世界の創世は、〈始原〉とその〈反復〉という関係にあるのだ。むろん、『古事記』神代巻の物語はそのすべてが始原に属する。ただしそれはそののちに始まる人代の始原だという意味においてそうだといえるのである。

〈始原〉と〈反復〉の区別にかかわっていえば、もうひとつのことを注記しておかなければならない。それは、すべての出来事は、〈始原〉の〈反復〉であると同時に、始原的で一回性的な事件でもあるということである。エドワード・サイードは、『始まりの現象』において、神的な領域に属する始原性としての〈始原origin〉と、人的な行為に属する反復を本質とする〈始まりbeginning〉とを区別した。[12] だがこの二つは反復という観点からみれば対立するものではない。〈始原〉が始原的であることは反復によって確認される。そもそも〈始原〉は反復によって提示されるものである。反復が〈始原〉の始原性を逆説的にも規定するのだ。〈始原〉を人間が提示すること自体が、すでに〈始まり〉である。その提示は、反復の観照によって可能となるのだ。

このことは、宣長が〈始原〉と〈始まり〉を混同しているということではない。宣長に関していえばその混同はない。しかし、人間の営みの一切の生起と存在を神的な〈始原〉にもとづくものだとする想像上の置換は起きている。それは、〈始原〉とは区別されるべき反復についての観照を、適切に位置づけず、むしろ〈始原〉を補完するものとしてみなしていくという意味で、ひとつの倒錯ではあるのだ。

宣長の『古事記伝』は、〈始まり〉を〈始原〉へと接続しようとする試みである。それは、江戸時代後期にあって、宣長が、精神史的な意味での自分たち〈子どもたち〉と〈親たち〉とを結びつける系譜的な根拠が失われているという自己認識と、その危機認識に対する対処として、いわば民族的で文化的なアイデンティティを求める精神史的な運動のなかにいたからである。そのため、非連続的な関係を連続的な系譜のもとに結びつけようとした。つまりそれは、〈始まりbeginning〉の力を最大限に引き出すことで、日々の——日用常行的な〈反復〉を〈始原origin〉へと、系譜的連続性のもとに結びつけようとすることであった。このような試みにおいては、〈始原origin〉とは神的なものであるから、〈始まりbeginning〉はそれに匹敵するような神的権威をみずからの方法論によって提示しなければならないのである。本章があつかうのは、このような観点から切り取られた宣長の言説の構造である。歌道の体験の淵源を過剰なまでに開きながら、詩学からみればきわめて保守的な原則を固守し、また、古典文献の修辞的で系譜学的な関係に執着して、日常言語の存在様式をもそこに根拠づけられるとした宣長の国学を、〈始原〉の問題に向かう言説が常に直面するアポリアに対するひとつの対応であり、そしてまた非連続的な関係を連続的な系譜へと置き換えようとする歴史的な試みのひとつとして読むことである。それはナショナリズムなるものがそこで生誕する磁場の力について記述することでもある。

第二節　「ツギツギニ」——前《プレ》-テクストの構成規則の論理化

宣長の『古事記伝』は確かに『古事記』の注釈であるが、実際には注釈を超えた論理の記述を含んでいる。それはこの注釈という文献学的行為が、すでにその読み方も語義も当代とは断絶している『古事記』という古代のテクストについてのひとつの翻訳行為だからである。異なる時代の言葉を注釈することは、その時代の風儀人情や社会制度の再-現前をめざすことである。いわゆる「意と事と言とは、みな相称へる物にして、上代は、意も事も言も上代、後代は、意も事も言も後代」(「書記の論ひ」『古事記伝』一之巻)という、よく知られた宣長の古学の基本的態度がしめしているのはそのことである。風儀人情や慣習のいっさいである「事」と、「言」や「意」はひとつの存在様式(=「かたち」)をなして存在している。この「かたち」を読者に理解可能なものとして提示しなければならない。それは反省的思惟を排した存在様式の模倣＝反復であるべきなのだが、実際には形式の観照と記述を手がかりにして可能となる。先にしめした「成・那流」で宣長がみせた三つの運動の種別化はその工夫のひとつである。ではこうした注釈を超えた論理の抽出という宣長の努力は、はたしてどこまで『古事記』というテクストを構成する規則に属するのだろうか。それともこれは宣長という〈個〉の努力に属する行為なのか。このことを、「ツギツギニ」という言葉と宣長によるその論理化から検討してみよう。

> 次《ツギニ》、都芸《ツギ》は、都具《ツグ》といふ用語の、体語になれるなり、……さて其に縦横の別あり、縦は、仮令ば父の後を子の嗣たぐひなり、横は、兄《セ》の次に弟の生るゝ類なり、記中に次《ツギニ》とあるは、皆此横の意なり、されば今此なるを始めて、下に次妹伊邪那美神とある次《ツギニ》まで、皆同時にして、指続き次第《ツギツギ》に成坐ること、兄弟の次序《ツイデ》の如し、【父子の次第《ツイデ》の如く、前《サキノ》神の御世過て、次に後神とつゞくには非ず、おもひまがること勿れ[13]】（『古事記伝』三之巻）

死による断絶を含む世代の交代を意味する「縦」の時間ではなく、「皆同時にして、指続き次第に成坐ること」である「横」の反復としての「次＝ツギニ」。これは、「兄弟の次序の如し」といわれているから父と子の、親子の関係を前提にした比喩のようにみえるが、実際には三柱神につづく神々たちの現出の物語である。したがって三柱神と、イザナミ・イザナキをはじめとして生成する神々たちとの関係を親‐子の関係のようにとらえてはならないことはもちろんだが、さらに、ここには時系列的な時間にならった生成消滅の時間もない。物質の生成・変化・消滅の時間とは区別される、万物創世の始原の時間。その〈反復の時間〉が「次・ツギニ」という事＝言で表現されているのである。

さて、「縦」の時間と区別することで定義されているこの「横」の〈反復の時間〉としての「次・ツギニ」の発見において宣長が見出したのは、「次に…、次に…」という文の順序を構成する規則である。しかもそれが同時に神代の物語とテクストとを貫く〈主題〉であるということであった。それはテクストが表現する内容としての物語的主題に先んじて、その表象において働いている作用である。[14] これを前《プレ》‐テクスト的な構成規則ということができるだろう。見方をかえていえば、ここでおこなわれているのは、テクストの内容や物語的主題を論理化するのではなく、あくまでそれらをテクストの形式において把握していくことである。この形式的把握によって、ひとつの構成をもったテクストに対して、宣長は前-テクスト的な差異化を導入しているのである。これを導入するのは確かに宣長という〈個〉であるが、前-テクスト的な差異化の運動は非人称的なものだ。いいかえれば宣長という〈個〉は、ここでは前-テクスト的な運動の差異化そのものとして働いているのである。それによって、宣長という〈個〉の文献学的=注釈学的努力は、テクストの構成規則の一部と化するのである。こうした宣長の手続きは、そもそも言語による表象が常に同時にひとつの言葉からもうひとつの言葉への置き換えに他ならないという特性に起因している。この置き換え=差異化は言語活動の人格性と非人格性の両方にまたがっている。世界が〈在ること〉を言葉に結晶化するためのレトリカルな努力は、人格的な活動から脱自化し、それ自体が事=言の脱人格的な存在様式としての「かたち」として現出するのだ。そのような意味で、「成・那流」や「次・ツギニ」という言葉は、世界がこうして〈在ること〉という始原の事=言を結晶化しようとする努力の果てに獲得された言葉にほかならない。そして、こうして獲得された言葉こそが、「事」と「言」とともに「かたち」

をなす「意（ココロ）」という〈反復の形式〉に達するのである。

だが、この始原の出来事は、それが前‐テクスト的な運動の差異化をともなうことでのみ提示されるという点に、テクストがひとつの意図をもった構造として理解され、構築される契機がはらまれている。宣長においてその意図的構造とは、始原の時間のなかの神代が終結に向かう事態を前提にして、神代と人代とが交代するその非連続の関係を連続性に変換するための模索として表れるだろう。神道国学的な世界観の表明として理解されている宣長の主張には、実にこうした前‐テクスト的な差異化をとおして結晶化した脱人格的で脱自的な世界と、意図的構造においてテクストが理解され把握された論理とが交差している。宣長は述べている。「我は神代を以て人事《ヒトノウヘ》を知れり、……凡て世間のありさま、代々時々に吉善事凶悪事《ヨゴトマガゴト》つぎ〳〵に移りもてゆく理は、大きなるも小きも、……悉に此神代の始めの趣に依るものなり」[15]（『古事記伝』七之巻）。老荘的な自然観と自己区別しつつ、「吉善事凶悪事」の二つの価値観の交代劇として描かれる神代・人代の変遷と、神事＝幽神事（カミゴト）によって人事＝顕露事（アラハニゴト）が終局的には規定されているという世界観は、そのまま『古事記』というテクストを意図的構造において理解したことの表明なのだ。物語はこうして構築され、〈始まり〉の力がそこに蓄えられるのである。『古事記伝神代之巻』とは、宣長における前《プレ》-テクスト的な差異化の把握と、意図的構造とがもつれあうありさまを提示しているのである。

第三節　神代と人代

「食《ヲス》」

『古事記』の創世神話において、未分化なひとつの時間のなかから「吉善事」と「凶悪事」の二つの価値論的な事象が分離してくるさまは、まぎれもなく生成と変転のダイナミズムを意味している。それは神々が世界の前景から後退することを予示するかぎりにおいて、始原の永遠の時間のなかにはじめて意識的に〈反復の形式〉がもちこまれる瞬間でもある。そこにあるのは、神話と物語的な主題の力関係のせめぎあいだけではない。宣長の言説自体が、〈始原〉の始原性と反復という〈始まり〉の意図的構造とのあいだを往還しているのだ。

いうまでもないが、『古事記』における「凶悪事」の発端はイザナミが火神を産んだことによる。それによってイザナミが死＝身罷り、黄泉国へと去ったからである。「御母神の神避坐しは、世の凶悪の始めなり」。これを機に、先行するミトノマグハヒから国々神々の生誕までは「吉善事」という逆規定を受け、〈反復の形式〉が切り取られる（なお『古事記伝』のこの段において宣長が発見している「物語が内蔵している内的秩序」についてはじめて言及したのは、小林秀雄である）[16]。そして、火のケガレとそのハラエ、母との別離を嘆くスサノヲがもたらす諸々の「凶悪事」などの派生、アマテラスとスサノヲの「ウケヒ（＝誓い）」を経て、国々を統治する祖神が生成する。この一件を中心に列記される事象群と語彙群は、「神代を以て人事を知れり」の言葉どおり、現世の言語事象を規定する言葉として注釈されていく。もとより『古事記』本文のなかで宣長のいう「神代を以て人事を知れり」という言葉は、直接には「吉善事」と「凶悪事」の二つの事象が始原の時間のなかから分離してくる事態を導入するために挿入された言葉である。明示的にはいまだどのような規定も受けていない創世の神話物語のなかに意識的に〈反復の形式〉を持ち込むために、どうしてもこの言葉を挿入せざるをえなかったのである。さらに、「吉善事」と「凶悪事」の二つの事象は神代の「横」の水平的な〈時間〉のなかで、高天原から現世的な国土の統治へと主題が垂直的に交代する契機となる。そしてもちろん、こうしたダイナミズムの形式を提示することによって、儒学的な善悪二元論に対する対抗言説としての『古事記』の世界観を対置することも『古事記伝』の目的である。だが、「神代を以て人事を知れり」という命題は、物語的な主題の紹介や国学的世界観の対置だけを意味しているのではない。ここでは、言葉の置き換えによる差異化が働いている。たとえばアマテラスがツクヨミに「夜之食国（ヨルノヲスクニ）」の統治を命じるくだり、「食（ヲス）」についての注釈である。[17]「食国とは、御孫命《ミマノ》の所知看《シロシメス》この天下を惣云称《スベテイフナ》」であるが、この「食（ヲス）」は、「もと物を食こと」である。ではなぜ「食」が統治の意味を持つようになったか。それは、「物を見も聞も知も食も、みな他物を身に受入るゝ意同じき故」だからである。「食」が外的事物の摂取であるから、見る・聞く・知るなどの動作に通じているのだと。そこで統治を意味する言葉である「所知看（シロシメス）」とは「知り・見る」ことと同じ語源を有するとされるのだ（ここでは「ヲス」が「居る」の連用形に敬意をあらわす「ス」がついたという今日の語義は度外視する）。そしてこれが「聞看（キコシメス）」こと、つまり、尊敬語「聞こし召す」の古語である「聞こしをす（聞こし食す）」の語源とされる。こうして、統治とは、「物を見が如く、聞が如く、知が如く、食《ヲス》が如く、御身に受入れ有《タモ》つ意あればなり」となる。「食」という所作が統治行為を直示し、「知り見る」ことはただちに対象を我有することだと解釈されるのである。これは〈食〉の起源と統治の起源をメタ言語的な転換によって結びつける神話的思考の遂行でもある。と同時に、宣長がこの注釈で重視しているのは、「所知看（シロシメス）」という言葉が皇孫の継嗣による統治を承認する神的意志の言葉だという、意味の確定である。それはのちに、オオクニヌシ（大国主命）から天孫への国譲りのために、天孫の降臨に際して発されるアマテラスの詔である、「豊葦原之水穂国は、我御子之所知国《シラサム》なり」という言葉にかかわるからである。これは人代を規定する、皇孫による統治の永続性を告げる言葉である。しかもこれは『古事記』というテクストそのものの成立の根幹にかかわる論点である。

古代史研究が指摘するように、宣長が「漢籍《カラブミ》の趣」で書かれているという理由で『古事記』本文と区別しようとした『古事記』序文は、壬申の乱における王権の実力奪取という記憶を簒奪しようとする記述である。[18] 倭王権の王位とは、資格保持者たちのあいだの実力による権力奪取によって決定されるものであった。そして、持統と天武による、天智の長子・大友皇子とのあいだの皇位継承戦争とその結末は、七世紀以降の王権の直接の起点となった。天武による『古事記』編纂の勅令の直接の理由もこの歴史の正当化にあったのであり、それはまさに天照大神の権威を負った「帝皇日嗣」の正統性を創造することを目的としていた。そしてその皇位継承の典拠が、天武から元明（文武の母）への継承における即位でもいわれる「食国天下《ヲスクニアメノシタ》の業《ワザ》」の「授賜《サズケタマ》」いなのである（『続日本紀』巻第四）。「食《ヲス》」から「所知看《シロシメス》」への注釈学的な操作は、物語とテクストの統一性を保障し、意図的構造を確立する。継承がはらむ問題は、非連続性の系譜を連続性へと再結集させようとする宣長にとって、〈反復〉という語に連なるもうひとつの〈反復〉である。すなわち精神分析のいう〈反復強迫〉である。『古事記』というテクストの成立基盤そのものの崩壊という事態を隠蔽し忘却しようとする〈抑圧〉がそこに不断に働いている。そのため、テクスト的同一性の意図的構造を確立することは、『古事記』というテクスト成立の政治的起源をもその構造のなかに転換することでなければならない。それは〈抑圧〉の忘却であり、忌まわしい政治的事件を神々の意志という彼岸に追いやることだ。とはいえ、このようにいったからといって、『古事記伝』の記述そのものを、宣長の強迫的な意識の産物として片付けていいわけではない。『古事記』のなかから抽出される〈反復の形式〉はひとつの反復空間であり歴史的な言説空間だからである。しかもそれは宣長という個を介して『古事記伝』という作品となった歴史的言説だという意味で、人間の想像力の普遍性と相関的だからである。否むしろ、ここで抽出された〈反復の形式〉と、それを記述する模倣と反復の修辞は、神話的論理を提示する唯一の方法でさえあるのだ。そしてそれが言語による作品である以上、それは多かれ少なかれ〈抑圧〉の忘却を内的秩序として抱いているのである。

さて、議論をもとにもどせば、神的な〈始まり〉の力が導入される地点《トポス》として、注釈学的な飛躍が働いていることがわかるだろう。それは政治史的起源をも神意へと転換してしまう政治性をもった操作である。しかし神意へと転換された〈始まり〉の力がいったん導入されれば、『古事記』というテクストそれ自体がその力によって創造されたものへと反転するのである。人事が神代によって定められているという命題は、こうした言葉の文献学的で修辞学的な飛躍と連続性が確立するテクストの意図的構造によって裏づけられる。

そしてこの構造がテクストそれ自体を創造するのだ。

「鎮《シヅマリ》」

『古事記』神代九之巻において、アマテラスは高天原に「鎮座」=とどまり、大国主は黄泉国にあって現世=顕国を見守り続ける。国造りを見届けたスサノヲとその末裔の神々はそれぞれ現世=顕国を去り、「根国」へと「隠坐《カクリマス》」。現世に残るのは三種の神器のひとつである鏡に鎮る「御霊《ミタマ》」である。現世における神々とはこの「御霊」であり、「現身《ウツシミ》」の子孫ではない。「御霊」を通した神々の意志=「幽神事《カミゴト》」の守護と慈愛のもとでの現世=「顕露事《アラハニゴト》」の存続という構図がこうして確立される。神々が国造りを終えた時点で、「顕露事」、すなわち現世は、現世を統治する神として天孫降臨した皇孫(天津日子)に託される。ここでいわれる「顕露事」とは現世の人間たちがおこなう朝廷による政治一般を意味する。

さて今より皇孫の所治食《シロシメ》すべき顕露事《アラハニゴト》とは、即ち朝廷の萬の御政《ミワザ》にて、現人《ウツシビト》の顕に行ふ事なり、幽事《カミゴト》はそれに対ひて、顕に目にも見えず、誰為すともなく、神の為したまふ政《ワザ》なり、凡て此世にあらゆる事は皆、神の御心にて為たまふなれども、其中にも、姑現人の為す事に対へて、分て神事とはいふなり[19]（『古事記伝』十四之巻）

大意はこうである。これ以降、皇孫が統治すべき現世の事とは、つまり朝廷の政治である。これが現世の人間がおこなうことであり、神の諸事はこれに対して明らかにはみえず、誰がするというのでもなく、神々がおこなう「政」なのである。すべてこの世における事は神の心にもとづいてなされるのであるが、そのなかでもとりあえず現世の人間のおこなうことに対して、これと区別して神事と呼ぶのである。

高天原のアマテラスをはじめとした神々は直接的に現世とのあいだを往復することはない。むしろその関係ははっきりと「往絶」「遥に隔り給ふ」とされるのだ。幽界は意識されることなく現世を支え続ける。その守護に報いるために、現世の人々は「御神体」としての鏡を「拝祭《イツキマツル》」のである。

「吉善事」と「凶悪事」との分離からはじまり、「幽神事」と「顕露事」との二元論に分かれた世界はこうして「御霊《ミタマ》の御政事《ミシワザ》」という幽界による現世の統括という一元論に収まることでその円環を閉じ、世界創造の事業を成就するというわけである。[20] 永遠の時間のなかに格納された神々は、現世の時間にさらされても、御霊であり続けることで、「いささかも減《ヘル》ことなく」、しかも「其体は千万処《チヨロヅトコロ》に分つ」[21]。物質的な特性から完全に自由である霊-魂の創造を介することで、多くの創世神話がそうであるように——そこに宗教対立の形而上学的和解をめざしたライプニッツのバロック論を入れることさえ可能だ——、始原の時間と、物質的な時間とはこうして両立して現世を支えるのである。

幽顕二元世界の役割分担と相互関係については、『日本書記』巻第二・九段一書第二で、皇祖神と出雲神（大己貴神）とのあいだで交わされる「顕露《あらわ》の事は、是吾孫治《すめみまし》すべし。汝は以て神事を治すべし」という言葉に集約されるといわれている。この幽顕論は、幽顕の二元世界のそれぞれを大国主命と皇孫たる天皇の統治する領域として理解すること、さらに神道と天皇が幽事＝神事と顕事＝政治を担うという祭政分掌体制の志向、さらには神々との交流を実現する鏡のごとき清浄・正直の心を理想とする神人合一思想などにみられるように、中世神道から近世の垂加神道までの流れを規定している。菅野覚明が整理しているように、実際にはこうした中世神道以来の諸論点とその解決をめぐる思想史の営為のなかに、契沖、真淵、宣長、そして平田篤胤らの国学の系譜も位置づけられる（さらにその流れは柳田国男から折口信夫の民俗学・新国学までをも規定している）。その系譜からみるならば、宣長の『古事記伝』が印した一歩はその問題系におけるひとつの差異でしかない。創世神話をめぐる言説は、牽強付会的であれ、神儒習合的であれ、存在論的で始原的な力を、歴史的時間を超越して眼前に現出させようとする。清明、正直な心を求めることで、中世神道の影響下の言説が、〈始原〉の力を現勢化させようとしていたようにである（「天地の始は今日を始とする理なり」『神皇正統記』）。これまでみてきたように、宣長の方法論とは、この力の現勢化をあくまで『古事記』の文献学的かつ注釈学的方法によって達成しようとすることであった。それが創世神話をめぐる神道神学的な系譜において、宣長の言説の歴史性を見定めるための指標のひとつである。さらに宣長の言説の歴史性を差異化するために、宣長と同時代の言説から、宣長の言説を逆照射してみよう。同時代の言説といっても、反宣長の論者のものではない。宣長の弟子・服部中庸によるものである。[22]

「三大考」

『古事記伝』は神代から人代へと章が交代する繋ぎ目に、弟子である服部中庸の手になるテクスト「三大考」を置いている。宣長自身が「はとりの中つねが此あめつちよみのかむかへはも、さとり深く物よくかむかふなる……これによりてもいにしへのつたへごとは、いよゝます〱たふとかりけり」と裏書きしている以上、[23]『古事記伝』というテクストの構造がしめす〈事＝言＝意〉の「かたち」の存在様式と「三大考」はまったく同一であるかのようにみえる。だが、はたしてそうだろうか。

「三大考」は『古事記』の創世神話にしたがって、三柱神の生成から天・地・黄泉のそれぞれの国が神々とともに形をなし、地が皇国と外国とに分かれ、さらに天・地・黄の概念的相関関係が体裁を整えていくさまを、順次、構造化して図示したものである。後半部では「天地」を太陽と大地と考えていいのか、昼夜の「旋《めぐ》り」との関係はどうかなど、概念図と天文学的知識との矛盾についての説明が中心になるが、「三大考」の核心はあくまでこの概念図の着想にあった。これにかかわって、宣長には中庸に貸しあたえた「天地図」がある（一七八六〜八八・天明六〜八年に作成か）[24]。これは神々の系譜を「天・地・黄」それぞれに配置した関係図である。しかしこれは「三大考」がそうであるように身体のアナロジーとは似ても似つかない。それはむしろ平面的な都市図に類似している。「三大考」の場合、「天・地・泉」が三大大陸のように描かれるにおよんでは（第四図）、まるで「新大陸発見」と「文明に対する野蛮」を身体のアナロジーで概念化した、バロック期ヨーロッパで流行した世界地図の観を呈している。言語以外の形象を用いることの問題性がここにはある。空間的な図式化に頼るアナロジーは、それ自体が目的論的な意味をはらんでしまうのである。平面に置かれた中心点は、言葉と文体のもつ多面性を失い、陰陽の大極図のような抽象的な概念を想起させる。「天・地・泉」が身体のアナロジーに頼るならば、上下の価値的な関係が発生するし、地理的な輪郭を持つならば、それは線が平面を内部と外部に分かつ領土的な境界領域をもち、国土の版図を意思表示しているかのような意味をもってしまう。実際、服部中庸が施している解説はそのようなアナロジーを強化するものである[25]。天・地・泉の三世界について服部中庸は、「天はいつも地の頂上に在、泉はいつも地の下方に在て…」と明言してはばからない。神代の巻でみせた宣長の言説とちがってここに表されているのは、建築学的な構造である。いわば、「横」の循環的な時間ではなく、位階的な「縦」の空間構造なのである。さらに中庸が説明に工夫しているのが、これら三世界をつなぐ連続性についてである。天・地・泉の世界が形成され、それぞれがアマテラス、オオクニヌシ、ツクヨミらによって統治され、天孫降臨がおこなわれる段階になったとき、天と地を往還する通路が「天浮橋」と呼ばれるのである。天と地をつなぐこの通路を中庸は「帯《スヂ》」と呼ぶ。

天浮橋の往来《ユキキ》の事、初伊邪那岐伊邪那美命の往来《カヨヒ》賜ひしほどなどは、天と地との間、いと近く聞えたるを、今皇御孫命の天降坐時のさまは、甚遠く聞えて、漸々に相遠ざかりたるほど見えたり、そも／＼天浮橋は、天と地と相連続《ツヅ》ける帯《スヂ》にて、天地の漸に相遠ざかりゆくに随ひて、此帯も漸々に細く微《ウス》くなりて、皇御孫命の天降坐まで、此帯ありしが、既に天降坐て、終に断離《キリハナ》れて、永く天と地との往来止ぬる也。是を物に譬へていはば、児の臍帯《ホソノヲ》の、胞衣《エ》とつゞきたるが、既に生れては、断離るゝ如く、又木草の実の、熟すれば帯《ホツ》おちのするが如し、これらはたゞに其状《ソノサマ》の似たるのみならず、其理も全く同じこと也、いかにといふに、皇御孫命の天隠坐るは、児の生れ出るが如し[26]（『三大考』、強調引用者）

大意はこうである。（『古事記』神代篇の冒頭における）イザナキ・イザナミの二神の地上との往来や、高天の原と地上とをつなぐ天の浮橋などのことは、天地のあいだがとても近いように理解される。これに対して、皇孫（ヒコホノニニギ）が天降るようすは、天地が非常に遠くにあるようであり、そのまま天地のあいだが遠ざかるように見える。そもそも天の浮橋は天地をつないでいる「帯《スヂ》」であり、天地がどんどん遠ざかるにつれてこの「帯」もすこしずつ細くなり、皇孫の天降りしたあとは、ついに切りはなれ、天地の往来は止んでしまった。これをたとえれば、赤ん坊のへそ帯が胞衣につながっていたのが、生まれたあとで切れるごとくである。あるいは、木の実草の実が熟して落ちるごとくである。それは形状だけでなく、その理からいっても同じことである。なぜかといえば、皇孫の天降りは児が生まれるのと同じことだからだ。

宣長の場合には、天孫降臨のあと、神々は高天原と根国・黄泉国に「鎮」り、「御霊」

を通して現世を守護し、現世とは「往絶」ると簡潔に説明されていた。これに対して中庸は「天浮橋」という言葉があることを根拠として、「帯」という回路を想定しながら、「天地の漸に相遠ざかりゆくに随ひて、此帯も漸々に細く微くなりて」と言い直さざるをえない。神代と人代との代替わりを、まさに「代替わり」としての「縦」の時間軸で補完しようというのである。このいいかえは何を意味しているだろうか。考えられることは、現人たちが神々に突然に見捨てられるという設定（「鎮」「隠坐」）に耐えられないからではないだろうか。実際、神々との回路は徐々に途絶えると説明したあとで、「富士信濃の浅間嶽日向の霧嶋山などは、其帯《スヂ》の断離れあるあとの帯《ホゾ》にもやあらむ」と、通路が実際に存在していた証拠を強調する。[27] これは、あくまで守護される証を、しかも物質的な証を必要としていることを意味している。宣長が発見した「横」の交代は代替わりの論理ではなく、〈始原〉の時間のなかで完結している反復である。それは生成消滅の物理的な時間と、本質と実体のような表象主義的な二元論を排除することで、創世神話の過程を現出させようとした。しかしその反復では物理的な時間は許容される余地がない。これに対して、物理的な時間の世界である「地」とのあいだに通じる「帯」を設けるならば、「天」もまたそのような時間を共有する同一性をもった存在となる。神々から見離されているという不安はこれによって取り除かれ、安心を得ることができる。このような意味で、宣長が排し、それに対して中庸が構築している構造とは、時間的な連鎖が生み出す連続性、同一性の論理である。逆にいえば、宣長が構築した反復の形式とは、非連続性と非同一性の論理であり、連続性の上で同一化されずに存在する線分の集まりのようなものである。

　こうして、創世神話をめぐって、ふたつの言説が交錯していることがわかるだろう。ふたつの言説はどちらも神々と皇孫、神話時代と現世の系譜的連続性を築き上げようとする試みである。だが前者はその系譜が非連続性と非同一性から成立していることを飛躍によって説明し、後者は連続性と同一性によって説明する。それによって後者（「三大考」）の言説は前者の非連続性、非同一性の反復の論理を横領したのだ。先の引用で、中庸が「天浮橋」を「帯」とし、さらに「児の臍帯」「胞衣」という隠喩《メタファー》を用いたことの理由も明らかだろう。「帯」「臍帯」「胞衣」というメタファーは「木草の実の、熟すれば帯おちのするが如し」「皇御孫命の天降坐るは、児の生れ出るが如し」というメタファーを先取りするものである。すなわち、子が親から生まれ出るという生誕と血縁関係のメタファーなのである。喩法からみれば宣長は換喩的《メトニミック》(「食」と「知り・見る」の関係のように身体的に隣接的である)であり、中庸は隠喩的《メタフォリカル》なのである——そしてより物語的である。

もともと神代巻の一部としての天孫降臨とそれ以降の巻は、神代といえども人代に等しい出来事からなり、『古事記』冒頭がみせるような〈始原〉の言葉の力が貫徹されない部分である。それがふたつの論理がここで交錯している理由でもある。それでも、中庸による代替わりの「断離」の部分の説明は、宣長の意図と方法論を凌駕して、万物創世の過程全体に作用せざるをえない。その影響は、のちに平田篤胤によって著された『霊の真柱』において、その全体を支える論理となっていることをみるとき、理解されるだろう。いずれにせよ、『古事記伝』において挿入された服部中庸の「三大考」は、〈始原〉を言説化する形式と方法がまさに同時に破産していく過程でもあったことをしめしている。欠損から始まり、喪失で終わる神論の論理と形式が、過剰な代補をかきたてていくのである。あるいはいいかえれば、中庸の図式化を必要とするほどに、宣長は〈始原〉の形式を言葉にするという試みが、理解困難の至難のわざであったと自覚していたということでもないだろうか。[28]

「やしなひ子」

連続性と同一性の論理とは、血縁的＝自然的関係を再構築しようとする意図にもとづいている。現在においても、いや現在においてこそ、系譜的連続性とは血縁的関係の連続性であるとする理解は自明視されているかもしれない。しかし、興味深いことに、宣長の場合には血縁的な連続性がただちに系譜的連続性を意味するとはかぎらなかった。というより、系譜的連続性とは、必ずしも血縁の連続性を必要とはしないのである。宣長の随筆集である『玉勝間』四の巻に「やしなひ子」と題された文章がある。「やしなひ子」、つまり、嫡出子ではなく、養子についての宣長の弁論を聞いてみよう。これは実のところ、太宰春台「経済録拾遺」所収の相続制度論への批判である。やや長いが全文引用する。

あだし氏の人の子を子にして、家つがしむる事の、今の世のごとくなることは、皇国にも、もろこしの国などにも、いにしへはをさ〳〵なき事なりき、されば儒者などは、これをあるまじき事にして、大かた子といふもののなきは、そのよつぎを天のたち給ふにて、せむかたなければ、さてやむべきに、よしなき人の子をとりて、つがしむるは、すぢことなれば、いたづらわざにて、中々に天にもそむくひがことぞ、などもいふめるは、いとかたおち也、やむことえずは、たとひそのすぢにはあらぬにても、つがしめて、氏門をたゝず、祖《オヤ》のはかどころをもあらさず、祭もたえざらんぞ、ひたぶるにたえはてむよりは、はるかにまさりてはあるべき、古は世中にさるならひのなかりつればこそあれ、今の世のごとくなりせば、周公孔子も、それあしとはいひたらじをや、然るを又あるじゆしやのいひけらくは、異姓の養子は、祖を祭れども、そのまつりうくることなし、うみの子のまつりを、祖のうくることは、そのすぢなればこそあれ、すぢならんもののまつらんには、そのみたまの、うけに来ますべきよしなしともいふは、いと心得ぬこと也、世には人に深きうらみなどをのこして、なくなりたるもののたましひは、其人に来よりつきて、たゝりをもなすにあらずや、さるは其人には、なにのすぢもあらざれども、たゞ一ふし思ひしめるゆかりにだに、しかよりくる物を、ましてひたぶるに子とたのみて、よをつがせたるものの祭を、うけにはこざるべきものかは[29]（強調引用者）

大意はこうである。当代のように他の種姓の子を養子として家を継がせることは、皇国にも中国にも古代にはまったくないことであった。そこで儒者は、このような養子相続をあってはならないこととして、子どもがいないのは、世継を天が絶ちなさるのであるから、しかたがないことであると考え、そのような相続はしないことであるという。それでもなお由縁のない他人の子をもって相続させるのは、「筋」が異なるのであるから、むだなことであり、天にも背く悪事であるという。しかしこのような主張は物事を公平に見ていない言い分である。やむをえないのであれば、たとえ「筋」ではなくても、相続させ、氏門を絶たず、祖先の墓をあらさず、祖先祭祀も絶やさないですむことではないか。いっさい「筋」が絶えてしまうよりは、はるかにそのほうが優っているのだ。古代においてはそのような習慣がなかったけれども、当代のような時勢であれば、周公や孔子もそのことを悪いとはいわないだろう。それなのに、ある儒者がいうには、異姓の養子の祭祀は祖先も承諾しないのだと。嫡子の祭祀を祖先が承諾するのは、その「筋」だからなのだ。「筋」が違うものの祭祀では、御霊《みたま》も承諾しないと。そのような理由がないと（その儒者が）いうのは、理解できないことである。この世には深い恨みを残して身罷る魂が、その人に憑いて祟ることがあるではないか、その人には「筋」のつながりがあるわけでもないのに、ただひとすじに強く思う「縁《ゆかり》」によって、魂がそのようにやってくる。まして一心に（養子ではあれ）子となることを願って相続させたものの祭祀を受けに来ないはずがあるだろうか。

「儒者」（＝太宰春台）がいう故事は、古代中国の先王のひとりである舜が、親に愛されていなかったために、親に告げずに妻を娶ったことにもとづいている。これはとくに『孟子』「万章章句上」および同「離婁章句上」に引用され、仁斎や徂徠によって「権」「礼」、さらに「仁・義」などの概念の定義にあたって参照項とされたものである。孟子は舜の故事をふまえて、「妻を娶らず、子どもがなく、祖先の祭を絶やすことが最大の不孝」とした[30]（「離婁章句上」）。なお舜のこの故事は、原則的な古法としての「礼」にたいする、法の柔軟な実定法的応用の意味をもつ「権」の関係にまで及び、放伐革命論にまで達する論点でもある。だから、宣長の「養子」論はここで意識的に放伐革命論を回避する論理ともなっている（「権」をめぐる儒学と宣長の議論の角逐は終章で触れる）。荻生徂徠は『政談』において、古代律令の戸婚律において「他姓の養子を禁止していたこと」をふまえて、養子・婿養子による「他苗ノ相続ヲ免サヌコトハ聖人ノ法ニテ、深意アルコト」と、跡継ぎがおらず、家系を守るためには「先祖ニ対スル筋ニモ非レバ」、差し支えがあるから例外が許されるとしても、養子・婿養子は原則的に禁止であるとした[31]（『政談』）。

この「やしなひ子」で問題となっている「儒者」（＝太宰春台）の主張は、養子・婿養子を否定するだけでなく、宣長にいわせれば純粋血統主義にもとづく系譜と朱子学的「天」とを同一視している。宣長が批判するのはその天命論的な血統主義である。実際、太宰春台が主張するのは次のようなことである。大名相続の古法では、公子はすべて公孫として禄を与え、臣下に列することで、家系継承のための担保としてきた。そのとき、もしも嫡子がいないときは庶子を、それもいなければ分家から一族の誰かを跡継ぎとすべきである。しかしもしもそれもいなければ、「其家ヲ除クベシ。除トハ、ツブスナリ」と断じる。「他ノ公子公孫ヲ養子トシテ、其家ヲ継シムルコト有ルベカラズ。是古法ナリ」と。なぜなら「異姓」の養子による襲名がつづけば、公室が衰微するからだ。そして、「国ニ公子公孫一人モ無クシテ、血脈断絶スルハ、是天ヨリ亡スナリ。怨ル所アルベカラズ」と、血脈断絶は天命による断絶だというのである[32]。

これに対してまず宣長は、後代と古代の習慣の断絶を前提にして、太宰春台がその断絶を無視し、ふたつの時代を混同していると批判している。そのうえで、古代と後代はちがうとことわったうえで、家筋・血筋などの「筋」を家系や家名の存続よりも優先させる発想を否定しているのである。家系が途絶えることを選ぶよりは、養子相続という選択を優先させるべきであると。さらに、宣長は、この世に未練や恨みを残した魂が「憑く」「祟る」という事例を比喩に用いて、ひとすじの強い思いも、十分に先祖と子どもをつなぐ「縁《ゆかり》」となるということを主張するのである。これを素直に読めば、宣長が擁護しているのは、徳川社会において自立化が進んだ小農・単婚小家族にもとづいた「家」存続の論理である。欠落や潰や家系の途絶によって「家」経営が不安定な単婚小家族では、血筋を失っても「家」の存続が優先される。この既成事実に対して、中国の古宗法や日本の古代律令をもちだす「儒者」の非現実性を批判しているわけである。

ただし、宣長研究という観点からいえば、ここで参照されている「憑く」「祟る」事例として『源氏物語』が想起されよう。とくに、「夕顔」巻をはじめとして、はじめは生霊として、死んだ後は死霊となって光源氏が愛した女たちにとり憑く六条御息所だ。そして

「縁＝ゆかり」といえば紫の上のことだけでなく、実の父が光源氏でないことを知り、夕霧との関係までもうしろめたく思う薫の「ゆかり」である[33]（『源氏物語玉の小櫛』）。「縁＝ゆかり」を拡大解釈すれば、不義密通の関係や血縁関係がねじれて公にすることができない『源氏物語』の人間関係総体をも意味する。宣長が考えている「縁」が何よりも想像力の力である以上、ここで宣長の古学研究のなかに反響している『源氏物語』の存在をみてもいいのではないだろうか。

西郷信綱は、光源氏の物語には、終焉をむかえていた古代王権＝古代天皇制の権威と権力が物語構造のなかに転換されていると指摘している。「加茂斎院の御禊の車争い」に端を発して生霊となり、伊勢斎宮となる娘に付き添って伊勢に下る六条御息所は、古代王権の宗教的根拠に深いかかわりがある[34]。古代王権の正統性の終焉と仏法による新たな支配という転換期において、古代的なものの力を体現する存在として六条御息所があり、そしてそうした古代的なものの復活の失敗の物語として『源氏物語』があると。ただし、これは宣長の『源氏物語』観ではない。それをいうならば、小林秀雄が注意をうながした、『源氏物語玉の小櫛』における「雲隠巻」の記述が想起される必要がある[35]。光源氏の死を語るはずのこの巻が巻名だけしか存在しない理由を宣長はこういう。幻巻において、「紫上のかくれ給へるを、源氏君のかなしみ給へるにて、もののあはれのかぎりをつくせり」と、紫上が死んだときに「もののあはれ」が極限にまで表現された、だから「もし源氏君のかくれ給へるかなしさを、かゝむとせば、たがうへのかなしみにかはかくべき、源氏君ならぬ人の心のかなしみにては、深きあはれは、つくしがたかるべし」[36]（『源氏物語玉の小櫛』八の巻）。光源氏こそもっとも「もののあはれ」を知る人物であるのだから、その光がいない以上、他の人間ではそのかなしみを表現することはできなくなったのだと。だから宣長の理解する『源氏物語』とは、あくまで「もののあはれ」を徹底して遂行することである。古代社会と王権の盛衰も、不義密通や血縁・擬似血縁関係が招く追慕や無念も、その悲劇のすべては等価に「もののあはれ」の位相に結集されるのである。これは連続・非連続の系譜を再-結集するやり方である。あらゆる意味での系譜的なるものの断絶とそれら個々の断絶の特殊性を消し去って再-結集するための「もののあはれ」という情動の集積。そしてここからまたあらゆる系譜をつなぐ「縁＝ゆかり」という情動が励起されるのである。宣長における古学研究――『古事記』研究――とは、かつて存在した古代王権の物語を書き継いでいるだけではない。あらゆる意味での系譜の断絶をひとつの結節点に集合し、そこからつなぎなおすという、『源氏物語』によって与えられた喪失の回復でもあるのである。この意味で、「やしなひ子」というこの短いテクストに書き込まれた「縁」という言葉は、『源氏物語』の反復として宣長の『古事記伝』そのものを理解する余地を——それは小林秀雄がいうような「生ま身の人間の限りない果敢無さ、弱さ」や死生観の反復ではないような〈反復〉である——私たちに残している。[37] それは『古事記伝』が抱える抑圧構造と、それゆえに〈反復強迫〉されざるをえない不安の源泉を考える手がかりである。

なお、ここでことわっておけば、『古事記伝』一之巻「直毘霊」には、天神の「御心」のもとに、「子孫の八十続」は「一世の如くにして、神代のまゝに奉仕れり」といわれている。[38] だがこの文言は、皇孫の「系譜的連続性」が古代から後代までの〈民族〉的な系譜を保証する根拠にはならない。天皇が神代からの皇孫であるということが同時に想像されないかぎり、その存在は正統性を持たない。というより、そのような神代からの系譜的連続性の記憶が途絶し、「漢意」の論理にとって代わられ、想像によってしか確認されないことに古代との断絶があるのである。いいかえれば断絶の大きな原因は、古代の連続性の論理と時間が――その〈始原〉の形而上学的存在が――後代には理解できなくなったということであった。しかも、系譜が断絶したことを認めれば、統治の交代を認めることになり、儒学がいう放伐革命論に道を譲ることになってしまう。養子どころか、尋ねるべき家そのものの倫理的根拠がなくなってしまうのだ。だからどうしても系譜的連続性は守らなければならない。そして宣長にとって、守られるべき連続性とは、血縁的系譜やそのアナロジーによって把握される連続性ではなく、「縁《ゆかり》」を信じて、回帰的に想像されることで構築される連続性なのである。系譜は古代的正統性の系譜でもなければならないが、祖先と子孫が「縁《ゆかり》」を想像的な媒介にしてつながるということは、古代の純粋な反復を意味する。時間の作用によって汚染されることのない純粋な反復は、あくまで想像力によってしか可能ではない。いいかえれば、〈子孫たち〉それぞれの反復する生の形式が、「縁」という想像力――反復と反復をつなぐ〈飛躍〉――によって構築されるのである。血縁的系譜《フィリエイション》に対して、想像上の置換と飛躍によって構築されるこの連続性は〈非家系的な養子縁組《アフィリエイション》〉であり、擬似血縁的である。[39]だが、歴史が断絶をともなう以上、〈非家系的な養子縁組〉の方法のほうが正しいと宣長はいう。こうして、儒学的命題において否定された「養子」

は、古道古学の「やしなひ子」の正当化へと転轍される。むしろ「やしなひ子」の方にこそ正統性があると。これによって儒学的命題は横領されてしまった。それは同時に漢語的世界からの離脱も意味したのである。

なお宣長における「筋」「異姓」などの種姓観念の現れについては、黒住真も指摘しているように、文化的人種観念の淵源として注目される。[40] ただし、この文脈にも明らかなように、宣長にとっての種姓観念は、一九世紀の生物学的人種主義を経て、文化主義的に実体化されラベリング機能を有している今日の人種観念とは異なり、古代への想像によって観念的に構築されるものである。むしろここで宣長が批判している「儒者」の言説に、今日の種姓的で人種的な観念が先取りされているといえよう。

加えて、この「やしなひ子」というテクストは、ナショナリズムの形成との関係も示唆している。実際には、太宰春台がいう血統主義的天命論と、「理」や「筋」よりも家の存続が大事であるという宣長の世俗的合理主義とそれを補完する「縁」の精神的系譜は、今日においてはナショナリズムの言説を構成する表裏一体の議論である。いずれも古代と後代との連続性を再び構築しなければならないという意図においては同じだが、しかしそれぞれは、社会の信条体系に対する態度がちがうのである。血統＝筋を「天」の差配とする「儒者」の大義名分的な主張が目的論的で観念的であればあるほど、その受容は容易であろう。これに対して宣長は、この目的論に対して世俗的な合理主義の立場から批判を加えている。天命論がまだしも宇宙観や世界観における世界と人の起源の同一性への信頼を残しているとしたら、宣長の場合にはそうした社会的な信条体系が崩壊しているという現実認識が出発点になっている。それは徳川社会における小農・単婚小家族の成立に対応して、実際には先祖の系譜から切り離され、親を失った〈養子〉の思考なのである。この意味で宣長が用意しているのは徳川社会の現実性にふさわしいナショナリズムの論理的基盤だということができる。しかし、この論理は不安を不可避的にともない、先に「三大考」でみたような補完を招き、ついには同一性と連続性の論理のなかに回収されてしまうともいえないか。否むしろ、非連続性の承認とは、逆説的に連続性の思考による反動を強化し、これを支配的なものとしてしまうのではないか。結果的に、水戸学がそうであるように、復古主義を準備する天命論的な大義名分論のほうが強力な言説となるからである。ここから、『想像の共同体』においてベネディクト・アンダーソンがいうところの王朝的な「公定ナショナリズム」を希求する情動を駆動するのは、「やしなひ子」＝〈養子〉としての〈子孫たち〉という、宣長が冷厳に言い放つ歴史的現実であるという見通しも得られるのではないだろうか。[41]

第四節　修辞学的飛躍

古学における〈飛躍〉

本章は「天地《アメツチ》」の読みから開示される〈始原〉の言葉の力を確認することから始めた。宇宙創世という〈始原〉の出来事に対する驚嘆と畏怖が言葉となったときの体験、それが「ア・メ」「ツ・チ」という音節となったその根源的な言語体験を構成するものは何であるのか。この問いに対する宣長の答えが反復の形式の発見であり、それを実現している語の用法・用例を精査する文献学と注釈学を推し進めることであった。ただしこのような探求によって問いに対する解のすべてが得られるわけではない。そこには音韻・音声と意味との関係という問題が欠けているからである。のちに時枝誠記が、「言語の意味はこれを構成する各音に含まれてゐる意味を理解することによって、自ら明らかになる」として、宣長の用例・用法研究を批判した堀秀成を参照し、鈴木朖や大国隆正、平田篤胤らの音義言霊派の音義研究に注目したことは、上記のような問題を意味している。[42] 言語活動における反復の形式の確立とは、音韻・音声による聴覚の運動でもあるからである[43]（さらに、漢字という形象に対する、心的イメージの運動でもある）。のちに折口信夫や吉本隆明が試みる、歌の起源を考えるなかで、音韻・音声の持つ意味に注目しながら、神的意志の現れとしての諺や枕詞、祝詞が、神話物語から発して、共同体を構成し、自立的に表現される文学となる過程の考察も、また、音義派の問題意識を共有している。[44] ただし、ここでは〈始原〉の体験の構造を考察する宣長の言説をさらに追っておきたい。

音義派のような方法論ではなく、テクストの構成と古語の用法・用例に向かい、テクストの注釈学を通して反復と飛躍についての思考を深めるという方法論は、宣長があくまで古学の系譜に属していることをしめしている。「天地《アメツチ》」という発話がはらむ始原性とは、そこが自己同一性と非同一性、合法則的な言葉と事象の秩序と、これを侵食するランダムな記号や形象の群とつねに隣り合わせの奇怪な空間に満ちているということでもある。「アメツチ」がほかでもなく「アメツチ」であり「天地」であるということは、秩序をもたない奈落の深遠からの帰還が瞬間ごとにおこなわれているという言語存在の神秘なのである。存在を支えているこの根源性についての体験が、宣長が『古事記伝』というテクストと向かいあうときの基本的な態度を決定しているといっていいだろう。とはいえ、言語存在が根源的な神秘と神的領域にあるとしても、その言葉を発話するという経験においては、反復についての観照なしにただちに神的意志が自覚されるわけではない。むしろ日常言語の使用においては、神的領域から言語は自立していく。そこでたとえば諺について宣長はこういっている。「言和邪《コトワザ》は、本は神の心にて、世人に言せて、吉凶《ヨシアシキ》ことを示喩《シメシサトシ》たまふを云ひしが転《ウツ》りては、たゞ何となく世間に偏《アマネ》く言ならはしたる言をも云なり」[45]（『古事記伝』神代十之巻）。神的意志の表出としての諺は枕詞同様にやがて「たゞ何となく世間に偏く言ならはしたる言」として他意なく使用されるようになる。

　では日常言語の世界から神的領域の〈始原〉の始原性への回帰はどのような回路をもって可能となるのか。「次・ツギニ」や「成・那流」の神話の時間と日常の言葉との距離、あるいは「食」と「所知看」のあいだの断絶を考え、その身体的隣接性のような換喩的世界を生きるということは、単に語彙の上での操作の問題ではない。日常当用の言葉を神話物語の圏域へと引き上げ、喩の秩序のなかに発話主体である自分自身の身体を投企しなければならない。日常世界から遊離することなく、日常世界がそのまま古典世界の言説空間の表出であるような〈反転〉であり、習慣的な行為に最重要の価値がおかれる。テクストや物語の構成規則の理解から、言説の外部性と制度性への移動[46]。これは文献学的実践が不断に要請する〈飛躍〉なのである。文献学と古典注釈学を方法論とする古学は常に〈飛躍〉という実践をともなうのだ。そしてこうした文献学的かつ注釈学的な〈飛躍〉という実践は、その学的体系における倫理の実践をただちに意味することになるのである。

宣長におけるそうした〈飛躍〉をまとめるまえに、荻生徂徠と伊藤仁斎の古学におけるその契機をみておきたい。そこに〈飛躍〉をめぐる思想的系譜があるからである。

徂徠と仁斎の学的体系における、注釈学から倫理的実践への転回は、柄谷行人の批判的介入を介して[47]、子安宣邦によって印づけられている。〈飛躍〉の問題をここで子安は「超出」と呼んでいるが、徂徠の言説において、子安が注目するのは徂徠の次のような言葉である。「先王の道は文なり。故に道なる者は、得てこれを言ふべからず。一つを言へば則ち一つを遺す。孟・荀はみな言に傷るるなり」[48]。よく知られているように、徂徠は「六経」に記された「四書礼楽」がしめしている尭舜ら古代先王によって制作された「先王の道」を理想として、宗儒の朱子学を批判し、「先王の道」の学的かつ政治的実践を求めた。ここでいう「文」とは修辞であり、同時に政治的言辞でもあるような「四書礼楽」そのものを意味する。ここで「道」はすでに静態的で自己同一的なテクストの領域から、実践の領域に移行しているがゆえに、単なる注釈や言い換えによっては損なわれてしまうような類のものだというのである。さらに次のようにもいう。「夫れ聖人の道を文と曰ふ。文とは物相ひ雑るの名にして、豈に言語の能く尽くす所ならん哉。ゆゑに古への能く言ふ者はこれを文《かざ》る。その道を象るを以てなり。その包《かね》る所の者広きを以てなり」[49]。子安宣邦はこの「道」＝「文」という徂徠の定義のうちに、本来的な言語＝物の多彩で多様なあり方をみている。そしてその多彩、多様なあり方を、「言語的理解の地平をこえ出ること」としている。子安はいう。

〔徂徠の言説は——引用者注〕自己との閉じられた回路のなかで『論語』における言辞を直接的にとらえ、解釈することを批判するものであった。……先王の道は文であるという徂徠の把握は、道とは時間的に後世の言語的教説をこえ出るものであり、同時に、空間的にその多彩、多様なあり方において、言語による一義的規定をこえ出るものであることをいっていたのである。かくてこうした二重の超出のさきに、文を別名とする先王の道は『礼楽』ととらえられるのである。[50]（子安宣邦『事件としての徂徠学』）

「道」＝「文」は、「道」である以上、常に語り、実践する対象との関係をもつ実存的存在である。他者を前提としたその実存的存在性によって、後世の「言語的教説」すらも先取りし、これを超えていく。それは反射的あるいは対称的な過去の反復ではない。また同時に「空間的に多彩、多種なあり方」をもつ実践であるということによって、「言語による一義的規定」を超えた遂行性を持つ。この意味で、存在の空間的・時間的制約とテクストの自己同一性に対する「二重の超出」なのである。これによって、不断にそのはじまりの超越的で存在論的な文脈に回帰する文献学的かつ注釈学的な学びが要請され、同時にその歴史的存在に向かって、身体的かつ投企的な実践が要請されるのである。ここにあるのは倫理思想史をある理念の実現過程として理解するだけではなく、不断の他者への実践の投企（の関係性）において把握する視角である。同様の契機は、伊藤仁斎においてもつかみとられている。

『語孟字義』における「天命」の古義の定義にさいして、伊藤仁斎は朱子学の性理学の「天」「命」の否定を、その「概念定義的な言語的記述の否定、解体とともになされる説き出しという、言語的にはパラドキシカルな言説的表出」によっておこなう。[51]

「天命」の古義とともにここで回復されるのは人生への視線である。己れの人生の帰結にある必然性を認めるものが、その人生の上とそれを超えたはるか彼方に「天」と、そのもたらす「命」とを見出すのである。「天」とは、己れの人生の帰結に避けることなく正面するものが、この生をもたらしたものとしてはるか己れの上方に見出す理念であるだろう。「天」あるいは「天命」とは仁斎にあってそのように人生態度と相関的に抱かれる理念としてである。それらは言語的説明をそれ自体としては拒絶している。……「天道至誠、一毫の偽妄を容れず（天は人間世界におけるいささかの偽りをも容《ゆ》るすことなく、正しく見透しているのだ）」という〈天の主宰性〉をめぐるこの理念的な表出にわれわれが到達するためには、人生についての多くの内面の反芻を経由しなければならない。だがその内面の反芻は言語的な説明を可能にする内面的経過ではない。言語的には飛躍として表出されざるをえない内面の過程である。[52]（子安宣邦『伊藤仁斎の世界』、強調引用者）

歴史的思想のなかで提示される概念の古義を探ることは、その古義が表されている、それ自体は自己同一的なテクストの系と、みずからが実際に位置している、読み、書き、話し、振舞う——酒井直樹の定義を用いれば——さまざまな実践系《レジーム》を常に横断することである。[53] そしてこうした実践系の世界とは「人が『交際』するところにある」対話的な世界である。[54] 仁斎や徂徠の古学においては、この意味で注釈学における注釈行為それ自体が超越的かつ経験的な他者に向かう遂行であるような倫理的実践となったのである。

宣長における〈飛躍〉

古語の古義を文献学的に確定し、かつ実践的原則として出発し、日常当用の世界を照射しながら、不断に原則へと回帰するような〈飛躍〉をともなう実践——仁斎、徂徠の古学に共通するこのような転回点は、宣長においてはどのように存在するのだろうか。このような問いの文脈においてこそ、『古事記伝』を対象としながら、本章ではここまで言及してこなかった論点——宣長における〈道〉という問題が参照されるべきだろう。

宣長の「道」論は『古事記伝』一之巻「直毘霊《ナオビノミタマ》」において提示される。よく知られた文言であるが、ここに引用しよう。

古の大御世には、道《ミチ》といふ言挙《コトアゲ》もさらになかりき、
故古語に、あしはらの水穂の国は、神ながら言挙せぬ国といへり
其はたゞ物にゆく道こそ有けれ、
美知《ミチ》とは、此記に味御路《ウマシミチ》と書る如く、山路野路《ヤマヂヌヂ》などの路に、御てふ言を添たる

にて、たゞ物にゆく路ぞ、これをおきては、上代に、道といふものはなかりしぞかし

物のことはりあるべきすべ、万の教へごとをしも、何の道くれといふことは、異国のさだなり[55]（『古事記伝』一之巻）

古代ヤマトの「異国」との決定的な違いが称揚されながら、「物にゆく道」という表現で定義される「道」論である。[56]「異国」とは中国のことであるが、儒学における易姓革命論や理知主義に対して、古代ヤマトにおいては「天地のことはりはしも、すべて神の御所為《ミシワザ》にして、いとも〳〵妙に奇《クス》しく、霊《アヤ》しき物」のもとで「下が下までみだるゝことなく、天下は穏《オダヒ》に治まりて」（『古事記伝』一之巻）来た、という。[57]こうした通歴史的に平穏であり、上下の秩序に乱れがなかったという総括は、あくまで「異国（中国）のさだ」との対比においてしか定義しえない。そしてそうした歴史の優位を、「神の御所為」にすべて帰するわけである。橋川文三がいうように、これは、儒教的天、老荘的自然、旧神道の儒神折衷論をそれぞれ否定したうえで、「主情的な人間自然」を強調し、同時に「主情的人

間自然」の絶対化も否定するという便法からなる「弁神論」である。[58] いいかえれば、中国大陸の文明と接触するまで文字＝漢字をもたなかったことや、八世紀初頭まで国家の正史をもたなかったなどの国としての後発性と遅延性が、公定ナショナリズム的な正統性を導き出す根拠へと価値論的に逆転されるのである。さらに、後発性と遅延性は「道」についての形而上学的表現の欠如をも意味するが、この欠如がまた価値論的に逆転されることで、宣長における倫理的実践である「まことの道」の規定が促されるのである。

それは、宣長の次のような日常当用の行為についての記述によって表現される。やや長文であるがその全体をみていこう。

> 世中に生としいける物、鳥虫に至るまでも、己が身のほど〳〵に、必あるべきかぎりのわざは、産巣日神のみたまに頼て、おのづからよく知てなすものなる中にも、人は殊にすぐれたる物とうまれつれば、又しか勝れたるほどにかなひて、知べきかぎりはしり、すべきかぎりはする物なるに、いかでか其上をなほ強ることのあらむ、教によらずては、えしらずえせぬものといはば、人は鳥虫におとれりとやせむ[59]（『古

事記伝』一之巻)

大意はこうである。この世に生きている生き物にはそれぞれ「身のほど」にあわせた「わざ(=業・行)」がある。それは産巣日神の働きにもとづく。人間のように生まれつき他の動物より勝れて生まれたものは、その生来的な「身のほど」に応じて生き、行為するのであって、それ以上をあえて強制することの必要はない。「教え」がないかぎり、人間としてそのように生きることを知らず行わないというのは、鳥虫に劣ることになる。さらに宣長は次のように続ける。

いわゆる仁義礼譲孝悌忠信のたぐひ、皆人の必あるべきわざなれば、あるべき限は、教をからざれども、おのづからよく知てなすことなるに、かの聖人の道は、もと治まりがたき国を、しひておさめむとして作れる物にて、人の必有べきかぎりを過て、なほきびしく教へたてむとせる強事《シヒゴト》なれば、まことの道にかなわず[60](同右)

儒学の「仁儀礼譲孝悌忠信」などの教えは人間であればみな有しているものである。人間の生来の「身のほど」に規定されて、教えられなくても自ずから知るようになるものだ。しかし儒学がいう「聖人の道」はもともと治まりがたい国をあえて強制的に教化するために作られた教説である。「人のあるべき限り」を超えて強制しようとするのは、「まことの道」に反している。

この行論につづいて、「人欲」を制動することの誤り、厳罰な法制度は逆説的に法の違反者が多いことの証明であること、そもそも制度が「まことの道」に合致していないから、「人の情《ココロ》」に適応しないのであり、従う人がいないのだ、などの儒学に対する反論が展開されるのである。宣長の便法は、先進文明である中国と儒学に対抗する宣長の論理が、きわめて対抗的な修辞《マヌーヴァー》であることをしめしている。だが、形而上学的思惟によってなされる概念の操作ではなく、主題が日常当用の領域に設定されることによって、倫理という問題の核心が——仁斎や徂徠もそうであったように——つかまれることになった。

「道」の実践を説くために宣長が参照している事例は、あくまで古代の風儀習慣であり、吉凶が合い半ばする世情の常態についてであり、祭礼における「斎忌」のキヨメと「美好物多」を献じ、「琴ひき笛ふき歌舞う」など「おもしろきわざ」のたぐいである。総じていえばこうである。

ほど〳〵にあるべきかぎりのわざをして、穏しく楽く世をわたらふほかなかりしかば、

かくあるほかに、何の教ごとをかもたむ、抑みどり児に物教へ、又諸匠《テビトドモ》の物造るすべ、其外よろづの伎芸《コトナルワザ》などを教ふることは、上代にも有けむを、かの儒仏などの教事も、いひもてゆけば、これらと異なることなきに似たれども、弁ふれば、同じからざることぞかし[61]

「身のほど」「あるべきかぎり」の日常当用の繰り返し以上に「道」の教えはない。子どもに物を教えること、職人の物づくり、その他の技芸の教えなどと同じである。それだけをとってみれば儒仏の教えと変わりないようにみえるが、「まことの道」を踏まえているかどうかで違うのだと。ひとは人格的存在として、天命を体現して存在しているわけでは

ない。そもそも街や職場や学校の人々は、道具を用い、今日の仕事の目的に向かって歩き、あるいは世間話をしているはずだ。そしてそのような道具、仕事、世間話、そして街、職場、学校という条件がそれぞれの主体の存在様態を規定している。そのような存在においてそれぞれは孤立しているのではなく、常に「共に」ある。ハイデガーの言い回しにならえば、それが「用具的存在」としてのわたしたち現存在の本質的な存在様態なのである。そしてこの存在様態がそもそも「道」の不断の反復であり実践にほかならない——ここからこのような存在様態が、世界が（あるいは「世間」が）、このように存在し、構成されているのはなぜなのかという意義の探求がおこなわれる。この答えとして用意されているのが、「まことの道」なのである。ひとびとがこの世に生を享け、成長し、家族を構成し、やがてこの世を去る。これらの生の誕生と反復は、その意味を考えるならば、驚くべき霊妙なる現象である。そもそもこの世界に人間として、松坂の住人として、市井の町人として、医師として、父として、子としてこのように〈存在する〉ということ自体が霊妙なる現象なのであるが。哲学的思惟にとって普遍的な問題である〈存在〉についての驚きは、宣長においても共有されているわけである。その驚きをふまえて、この霊妙なる〈存在〉

を根本的に可能にしている原理を求めたとき、それが「産巣日」であり、「神ながらの道」なのだというのである。ここから、宣長における〈飛躍〉とは、古義古典の学びによって、日常当用の反復を、「まことの道」の実践へと転換させるような〈飛躍〉であるということがわかるだろう。さらに宣長の場合には、始めに「道＝ミチ・美知」を「味御路《ウマシミチ》」と例示し、終わりに「穏しく楽く世をわたらふ」ことをもって「直毘霊」の章が結束していくが、「ウマシ道（＝甚善道《イトヨキミチ》）」（「古事記伝」十七之巻）と「穏しく楽く」とが修辞学的に置き換えられている[62]。ここでは快不快が基準として働いている。「物にゆく道」が快をともなうというのはどういうことか。「物」は『源氏物語玉の小櫛』（二巻）で宣長も触れているように、「…へゆく道」の「…」にあたる目的語以上の意味はない[63]。しかしこれが形式性を保証するのである。この「…」が先行することで、形式が先取され、反復空間が開示されるのである。そしてこの先取構造が期待を導くのである。この形式が開示する反復空間における習慣の遂行が期待の実現‐快をもたらすのだ。これが「まことの道」という形而上学的存在を確証するのである。このように宣長の〈飛躍〉の倫理におけるテクストと実践系との葛藤は、倫理主義的な厳格主義による葛藤から解放されてはいる。ただし、この場合は普遍的な他者への志向性を内包していた儒学とは異なって、あらかじめ古代ヤマトと後代の近世日本という閉じた回路のなかでの回帰を前提としている。その場合には、好悪や快不快がもたらす〈情〉における、他者志向的なそれと、共同体の共同性へと回帰するそれとの区別が大きな意味を持つことになるのである。[64]

注

1 本居宣長『古事記伝』三之巻、『本居宣長全集』（筑摩書房、一九六七年）第九巻、一二一頁。（以下、宣長全、九、頁数のように略記）

2 同右、一二五頁。

3 吉本隆明『言語にとって美とは何かI』（角川ソフィア文庫、二〇〇一年）。

4 時枝誠記『国語学原論』（岩波書店、一九四一年）、「第一章　音声論」。

5 『古事記伝』一之巻、宣長全、九、一二一頁。

6 「其物其事のあるかたちのまゝに」という事物と言語とが出会う言語現象の体験について、小林秀雄はベルグソンのイマージュ論と同じことだと理解していた。小林秀雄「『本居宣長』をめぐって」、『本居宣長』下（新潮文庫一九九二年）、三八九頁。

7 『古事記伝』、宣長全、九、一三二頁。

8 同右、一二四頁。

9　丸山真男「歴史意識の古層」、同『忠誠と反逆』（ちくま学芸文庫、一九九八年）所収。
10　同右、三六二頁。
11　同右、三七〇―三七一頁。
12　エドワード・W・サイード『始まりの現象　意図と方法』（山形和美・小林昌夫訳、法政大学出版局、一九九二年）、とりわけ第二章を参照。
13　『古事記伝』三之巻、宣長全、九、一二八頁。
14　三浦祐之がいうように、これを説話的な様式の名残ととらえることも可能だろう。ただし、宣長のテキストの読みの作法からいえば、説話や口承文芸についての知見がテキスト理解にあたって前景化することはない。
15　『古事記伝』七之巻、宣長全、九、二九四頁。
16　小林はいう。「物語が蔵する、その内的秩序に、いったん眼が開かれれば、初め読み過ごしたところを振り返り、「女男ノ大神の美斗能麻具波比」という物語最初の吉善さえ、「凶善の根ざし」を交えずには作者達は発想できなかったのに気が附くだろう、と註釈は、読者の注意を促している」。小林秀雄『本居宣長』下（新潮文庫、一九九二年）、二五一頁。
17　宣長全、九、二九二頁。
18　古代倭王権における王位継承をめぐる整理については、義江明子「古代女帝論の過去と現在」、『岩波講座　天皇と王権を考える7　ジェンダーと差別』（岩波書店、二〇〇二年）所収、に拠っている。
19　『古事記伝』十四之巻、宣長全、一〇、一二〇頁。

20 同右、『古事記伝』十三之巻、一六〇頁。

21 同右、一五九頁。

22 ここでの整理は、菅野覚明『神道の逆襲』(講談社現代新書、二〇〇一年)に多くを拠っている。

23 『古事記伝』十七附巻、宣長全、一〇、三一六頁。

24 宣長全、一四、一三九頁。

25 同右、三一二頁。

26 同右、三一〇頁。

27 同右、三一五頁。

28 なお、「三大考」成立の経緯については、金沢英之による詳細な検討がある。金沢によれば、近世における天文学的知見の普及のもとで、服部中庸によって構想された「神話的世界の天体への定位」と、宣長による神話の生成因としての「産霊」論の導入とを前提として、黄泉国と夜之食国、スサノヲとツクヨミとが同一であると断定されることで、「天・地・泉」の三大世界の成立が説かれることになる。この意味で「三大考」は服部中庸の構想を宣長が裏書しながら生み出されたものだとされる。金沢英之『宣長と『三大考』』(笠間書院、二〇〇五年)、九〇頁。

29 「玉勝間」、宣長全、一、一四五〜一四六頁。

30 『孟子』下、小林勝人訳注(岩波文庫、一九七二年)、五四〜五六頁。

31 『日本思想大系　荻生徂徠』(岩波書店、一九七三年)、四〇九頁。

32 同右、五五〜五六頁。

33 宣長全、四、四四〇頁。
34 西郷信綱『源氏物語を読むために』(平凡社ライブラリー、二〇〇五年)、第五章を参照。
35 小林秀雄『本居宣長』下(新潮文庫、一九九三年)、二四〇～二四一頁。
36 宣長全、四、四六八～四六九頁。
37 前掲、小林秀雄『本居宣長』、二四四頁。
38 宣長全、九、四九～五〇頁。なお、京都遊学時代(あるいは松坂への帰郷後)から一七七二年(安永元年)もしくは一七七三年頃まで書き継がれたと目されている「本居宣長随筆第十一巻」では、他国に対する日本の優越性の論拠として、「第一天子開闢来、天照大神天下ノ下トナリテ、……今ニ至リ、万々代無窮ニ至ルマデ、一系ノ神胤ヲ継デ、他姓ニウツラズ」君臣の治世が続いてきたことを称揚している。「天地開闢」などの言葉を使用していることや、「吾神道」についての礼賛も散見され、この覚書が宣長によって書かれたのは松坂帰郷直後ではないかと察せられる。宣長全、一三、六〇〇～六〇一頁。
39 前掲、サイード、xi。なお原本の Edward W. Said, *Beginnings: Intention & Method* (New York: Columbia University Press, 1985), p.xiii、も参照。
40 黒住真『近世日本社会と儒教』(ぺりかん社、二〇〇三年)、二二七頁、同書注27参照。
41 ベネディクト・アンダーソン『増補　想像の共同体　ナショナリズムの起源と流行』白石隆・白石さや訳(NTT出版、一九九七年)、第六章。
42 時枝誠記『国語学史』(岩波書店、一九六六年〔一九四〇年版の改版〕)、一五二～一五三頁。
43 アンリ・ベルグソン『物質と記憶』(阿部聰夫訳、駿河台出版社、一九九五年)一四三頁。

ベルグソンがここでいう「図式化運動」は、ドゥルーズが高く評価するように、持続と〈反復の形式〉についての最良の考察のひとつである。

44 折口信夫『国文学の発生』、同『折口信夫全集』第一巻（中央公論社、一九九六年）所収、吉本隆明『初期歌謡論』（河出書房新社、一九七七年）。

45 宣長全、一〇、六六頁。

46 荻生徂徠や伊藤仁斎における朱子学批判の核心を「道」の外部性＝制度性において把握したのは柄谷行人である。柄谷行人「伊藤仁斎論」、『ヒューモアとしての唯物論』（筑摩書房一九九三年）所収。そしてこの外部性を、テクストの物質性と関係づけ、さらに読みの翻訳行為をとおした実践系として展開したのは酒井直樹である。酒井直樹『過去の声　一八世紀日本の言説における言語の地位』（川田潤他訳、酒井直樹監訳、以文社、二〇〇二年）、八～一〇頁、および第七章翻訳の問題を参照。

47 前掲、柄谷行人、「伊藤仁斎論」。

48 荻生徂徠、『蘐園二筆』、『荻生徂徠全集』（以下、徂徠全と略）（みすず書房、一九七七年）、第一七巻、六三一頁。

49 荻生徂徠、『論語徴』辛、「衛霊公第十五」、徂徠全、第四巻、六〇六頁。

50 子安宣邦、『「事件」としての徂徠学』（ちくま学芸文庫、二〇〇〇年〔親本は青土社、一九九〇年〕）、二二二頁。

51 子安宣邦、『伊藤仁斎の世界』（ぺりかん社、二〇〇四年）、三一六頁。

52 同右、三一六～三一七頁。

53 「実践系」の定義については、前掲、酒井、四八六頁。

54 前掲、柄谷行人「伊藤仁斎論」、二二二頁。
55 宣長全、九、五〇頁。
56 「物にゆく道」の解釈については留意しておくことは、当然ながら宣長の歌論研究、文献学研究と神道神学的側面とをどのような評価軸から把握するかにかかわっているということである。これは村岡典嗣が「文献学の変態」と呼んだ宣長論の変奏である。そうした観点からいえば、一方に「物にゆく」という表現がもつ現象学的な事物への態度と「物のあはれ」論とを重ねる西郷信綱のような立場（『国学の批判』未来社、一九六五年）、これと対照的に「異国のさだ」の批判と相関的になされる、自己同一的な「皇国」の自己像としての「道」論批判がある（子安宣邦『本居宣長』岩波新書一九九二年、あるいは東より子『宣長神学の構造　仮構された「日本」』ぺりかん社、一九九九年）。
57 宣長全、九、五二頁。
58 橋川文三『日本浪漫派批判序説』（未来社、一九九五年）、七八頁。
59 宣長全、九、五九頁。
60 同右、五九〜六〇頁。
61 同右、六二頁。
62 宣長全、一〇、二四三頁。
63 宣長全、四、二〇二〜二〇三頁。
64 酒井直樹は、この区別を、情動 affection における感情 emotional と情緒性 sentimentality として差異化している。この論点は以下の章で詳述する。前掲、酒井、四八七頁。

第二章　歌論の位相

本章が対象とするのは、宣長歌論の核心が形成される『あしわけをぶね』（成立年未詳）と『石上私淑言』（一七六三年・宝暦一三年）のふたつのテクストである。「もののあはれ」を核心とした歌論の形成にあたっては、実際にはこのふたつのテクストのあいだに『紫文要領』（一七六三年・宝暦一三年）が位置しているが、これは次章であつかう。筑摩版本居宣長全集の大久保正の「解題」がすでに指摘しているように、草稿と改稿という関係を持つ『あしわけをぶね』と『石上私淑言』のふたつのテクストのあいだには、実情の肯定（あるいは子安宣邦の言葉を借りれば「実情解体論」）と、その実情論と歌道の結合を謳いあげる自由闊達さを特徴とする前者から、その構成を踏襲しつつも、「文献学的認識の深化と共に過去が絶対化」され、「古人の雅情と同化しようとする、回帰的な運動」へと移行する後者という関係がみてとれる。[1]『石上私淑言』は「歌」の起源と定義をめぐって契沖の『古今余材抄』を主要に参照しているが、契沖の訓詁学的古学は宣長の「神の御国の心ばへ」に向かう古道論的歌論に〈横領《アプロプリエイト》〉されている。ただし、本章の関心は宣長の学的体系にしめる歌道の位置や、堂上歌論や古今伝授批判、そして翫歌論や政教論に対抗する宣長歌論の確立過程をみることではない。ここであつかいたいのは、先行する言説の批判と摂取を繰り返すなかで、歌道論と和歌の言語論の根底に働いている「情」と言葉の形式性と隠喩構造に目配りする宣長の問題関心である。それを歌論と言語論との分岐がきざしはじめる過渡的性格のうちに位置づけ、この分岐が意味する相克を考えてみたいということである。それは言語論と歌論の分岐を決定づける「もののあはれ」という情動に対して宣長が託した、言語活動のなかでのその意味と条件を考えることにもなるだろう。

第一節　『あしわけをぶね』の情-辞と「文《アヤ》」

まず、よく知られているこのふたつのテクストの冒頭を比較しよう。

『あしわけをぶね』

〔一〕●問　歌ハ天下ノ政道ヲタスクル道也、イタツラニモテアソヒ物ト思フベカラズ、コノ故ニ古今ノ序ニ、コノ心ミエタリ、此義イカヽ、

答曰、非也、歌ノ本体、政治ヲタスクルタメニモアラズ、身ヲオサムル為ニモアラズ、タ、心ニ思フ事ヲイフヨリ外ナシ……世人ノ情、楽ヲハネガヒ、苦ヲハイトヒ、オモシロキ事ハタレモオモシロク、カナシキ事ハタレモカナシキモノナレハ、

只ソノ意ニシタカフテヨムガ歌ノ道也、……実情ヲアラハサントオモハハ、実情ヲヨムヘシ、イツハリヲイハムトオモハハ、イツハリヲヨムベシ、詞ヲカザリ面白クヨマントオモハハ、面白クカサリヨムベシ、只意ニマカスベシ、コレスナハチ実情也、秘スヘシ〳〵[2]

（大意）［問］歌は天下の政道を助ける道である。いたずらにこれをもてあそぶものとは考えてはならない。それゆえに紀貫之の『古今集』序文の言葉もあると考えるがどうか。［答］そうではない。歌は本来、政治を助けるものではない。また身を修める修身の手段でもない。ただ心に思うことを言うより他にはない。……世の人の人情は楽を願い、苦労を厭い、面白いことは誰でも面白く、悲しいことは誰でも悲しいものだ。ただその心にしたがってよむのが歌道である。……実情を表現しようと思えば実情をよめばいい。偽りをいおうとするならば、偽りを歌によめばいい。詞を飾って面白くよもうと思えばそうすればいいのだ。ただ心にまかせること、これがすなわち実情なのである。心に秘めるべきである。

『石上私淑言』

〔一〕○ある人とひていはく。歌とはいかなる物をいふぞや。

まろこたへていはく。ひろくいへば。卅一文字の歌のたぐひをはじめとして。神楽歌催馬楽。連歌今様風俗。〔平家物語猿楽のうたひ物〕。今の世の狂歌俳諧。小歌〔浄瑠理〕。わらはべのうたふはやり歌。うすづき歌木ひき歌のたぐひ迄。詞のほどよくとゝのひ。文《あや》有てうたはるゝ物はみな歌也。この中に古今雅俗のけぢめはあれども。こと〴〵く歌にあらずといふことなし。されば今あやしきしづのめが口ずさひにうたふ物をも歌といふ。是即まことの歌也。……いける物はみな情ありて。みづから声をいだすなれば。其情よりいでてあやある声即歌也。[3]

（大意）ある人が問うには、歌とはどういうものかという。私が答えるに、広い意味では三十一文字の歌をはじめとして、神楽歌催馬楽、連歌、平家物語の歌、狂歌や俳諧、小唄（浄瑠璃）、子どもの流行歌などなどがある。詞が調子よく整い、「文」があるものはみな歌である。このうちで古今・雅俗のちがいはあるが、いずれも歌でないということはない。身分のさだかでない女が口ずさむものも歌である。生命があるものはみな情けがある。自ら声を出すならば、その情けより出で「文＝あや」がある声はすなわち歌である。

どちらも「歌」の定義について問いながら、『あしわけをぶね』が「実情」をもって答えとするのに対して、『石上私淑言』はまず歌のジャンルを定義し、「詞のほどよくとゝのひ」った「文《アヤ》」をその条件にあげ、そうした条件のもとで「情」が表出されることを説く。第一章で問題にした〈始まり〉の始原的な力ということでいえば、それぞれのテクストの問題構成と、そこで引き出そうとされる力がどのようなものであるかは明瞭である。前者は歌のもつ普遍的な性情の力を解き放とうとし、後者は歌という古謡俗謡に由来するジャンルを述べることで、その本源性の形式に訴えようとしている。ただしこうした差異は、あくまで〈始原〉と〈始まり〉の力のありかにのみかかわっていることである。しばしば『あしわけをぶね』の実情論が強調されるきらいがあるが、ふたつのテクストの構成は基本的に共通している。『あしわけをぶね』においても、解き放たれた性情の力はただちに「古ノ歌ハ情ハ自然ナレハモトムル事ナシ、只詞ヲ求ム、中古以来ノ歌ハ、情辞トモニモトム」とされ、さらに「歌ノヨシアシハ多クハ詞ニアリテ、情ニアラズ」と結論され、実情と「辞」とが一致しないような、言葉への配慮のない実情主義は否定される。この点で歌の定義と作歌の条件について、ふたつのテクストのあいだに大きな異同はない[4]。また、同様に、『あしわけをぶね』では、実情を歌として詠むためには「四角ナル文字ノ習気」をとりはらうべきことや、実情を詠むことによって「下万民」の「情態」を知ることができるようになるのだから、歌道も天下の政道の助けになることを主張しているように、その漢字批判や和歌の政治的効用においても、ふたつのテクストのあいだに基本的な相違があるわけではない。ふたつのテクストの決定的な違いは次の点である。それは、「情」と「辞」との結合によって歌となるその過程の把握であり、「情‐辞」の関係が「文」となるときの「文」が有している内容についてである。では、情と辞（詞）はどのように和歌としての結晶化をはたすのか。

上代ノ質朴ナルガ実情ナリトテ、今ノ世ニテモ思フ事ヲアリノマヽニヨミ出タラハ、エモイハレヌミクルシキ歌ドモノミ出来ヘシ、……予ガ教フルハ、今ノイツハリ多キ情ノマヽニ、ソノ情ニテムカシノ人ノマネヲシテヨミナラヒテ、サテ古人ノヤウニ自然ニ化スル也、……タダ古ノ実情ノ歌トモヲ、平生トリナヤミアツカヒテ、ソレニナラヒシミテ、ソノ古歌ノ情ニナルヤウニスベシ、サテ少シツヽニテモ、古歌ノ情ニ吾情モナラヒウツレハ、ソノ時ニハ今ヨム歌モ、誠ノ古ノヤウナル実情ナルベシ[5]（『あしわけをぶね』）

大意はこうである。古代人の歌が質朴な実情を表出していたからといって、後代のものたちが同じように実情を肯定して歌を詠んだところで見苦しいものになるだけだ。……私の教えは、「偽り」の多いその情のままに、「人ノマネヲシテヨミナラヒ」＝古代人を模倣しながらよみならい、古代人のようにその情を自然化するということなのである。……古代の実情を普段から考え、悩み、模倣し、その実情に「なる」ようにせよ。少しずつでも古歌の実情が自分に移れば、その歌は古歌の実情を表出するものになるだろう。

「ヨミナラウ」（誦み／詠み―習う／倣う）ことは習慣化による形式の反復＝模倣である。

ただしこの教授法は、すでに「本居宣長随筆」に収録された荻生徂徠「答問書」が述べていたとおりである。徂徠は『詩経』が「古ノ人ノ、ウキニツケウレシキニツケウメキ出シタル言ノ葉」によって構成されていると説き[6]、さらに「能文章を会得して、書籍の侭済し候而我意を少しも雑え不申候得ば古人の意は明に候」と、文の習得を通した古代聖人の道というテクストの言説的実践を教えていたからである[7]。さらに徂徠は、「文章を会得して古の詞済候得ば、古聖人の道も教もわざにて候故、詞の上にて直ニ見え分れ申事ニ候」（強調引用者）と、日常当用の「わざ」として「道」＝「文」が自然化される実践としてこれを語っていた。徂徠学と宣長学の系譜関係についての研究史からいえば、こうした「道」＝「文」の自然化としての「作為」というテーゼが徂徠から宣長へと継承されたと論じられてきた[8]。ただし、ここで考えてみたいのは、異国の言語としての古代中国語の習得を目的とした徂徠の教授法と、宣長の「教え」がいう模倣という言説的実践との関係である。古代ヤマトの言葉も形式的には歴史的に断絶した古代人＝他者の言語である以上、徂徠の教授法は宣長の「教え」と呼応している。そこで徂徠にならって、外国語の習得という状況を想定してみよう。

確かに初学者は最初は文法や語彙を学ぶことからはじめるが、同時に多くの時間を費やすのは簡単なものからやや複雑なものへといたる構文の暗誦である。構文の暗誦は単語を入れ替え、時制を変え、場面を変えながら何度も繰り返される。これは反省的思惟をまじえずに構文が口をついて出てくるまで繰り返される。だがこの訓練の効果は、よく考えられるように、その発音規則を学び、その言語で直接思考したりするようになるという意味での身体化だけを意味するのではない。むしろ主要な眼目は、他者の言語における他者の実践系《レジーム》の形式的先取にあるのだ。構文の構造が教える文法的諸制度の内的で暗黙の約束事を理解する過程が、暗誦と模倣という実践にともなうもうひとつの過程として存在しているのである。それによって主格と動詞や形容詞の結合関係、いいかえれば事実の伝達や、感情や様態を表現する統辞構造の形式性を知る。つまり他者の時間と空間の構成原理を理解するということなのである。身体化の過程とこの統辞構造を通した他者の時間・空間の構成原理の理解の過程は混同されてはならない。[9] なぜなら後者の過程は言語が言語化される瞬間の形式的な先取構造を含んでいるからだ。この先取構造はひとつの構文が完成するまえに、互いにまったく無関係に隔絶して存在している言葉と言葉を修辞学的に結びつける機能を持っている。「ツギニ」が横の論理の到来を告げたり、「アメ」が「ツチ」という言語形象を呼び寄せるようにである。だから、歌の学びにおいて、情-辞の様式の模倣が古代の人情風俗と後代のそれとがあたかも跛行しながら重なりあっていく過程を宣長が求めるとき、それを単純に古代世界への憧憬にもとづいた擬古主義だと理解してはならない。そしてまた、宣長が『あしわけをぶね』でいうところの「文《アヤ》」という概念も、こうした先取構造への目配りを抜きには理解できないものなのである。「文」について宣長は次のようにのべている。

実情ヲ云ニモ、ソノ文《アヤ》ニヨリテ、実モアラハレ、人モ感スル也……フカキ悲ミニヨリテ、声ヲ上ケテナク時ハ、ヲノヅカラ其声ニ文アリテ、聞ク人モフカク哀ニ思フ也、カナシミツヨケレハ、ヲノツカラ声ニ文アルモノ也、ソノ文ト云ハ、哭声ノヲ、イ〳〵ト云ニ文アル也、コレ巧ト云ホドノ事ニハアラネド、又自然ノミニモアラズ、ソノヲ、イ〳〵ニ文ヲツケテ哭ニテ、心中ノ悲ヲ発スル事也、モトヨリ外カラ聞人ノ心ニハ、ソノ悲ミ大キニフカク感スル也、カヤウノ事ハ愚カナル事ノヤウナレドモサニ非ズ、サレハモロコシニテ、喪ノ時ニ哭スル礼ノ定マリタルモ、仮令ノ事ノヤウナレトモ、モト実情ヲ導クシカタ、聖人ノ智ハフカキモノ也、サレハ和歌モソノ如クニテ、実情ニ文ヲナシテ云フガ歌也[10]（『あしわけをぶね』強調引用者）

大意はこうである。実情は「文」にもとづいて表出され、人も感じる。悲しみが深ければそれに応じた「文」がある。「おおいおおい」という泣き声もそうである。そしてそれは「巧ト云ホドノ事ニハアラネド、又自然ノミニモアラズ」と、巧まれて表現されてはいないが、自然のままのものでもない。古代中国の聖人の教えにおいて喪の礼が定められているのも「実情ヲ導クシカタ」なのである。そして「文」をともなって表現される実情を巧みにしたものが「歌」なのである。

注意したいのは、たんに情動のままに叫びとなるような表出を指して、実情における「文」がいわれているわけではないということである（「自然ノミニモアラズ」）。そこには反省的ではないが、確かに言語構造が働いているのである。『詩経』がしめすように、「文」の働きに注目して「実情を導く」仕方は古代中国の聖人の知恵でもあったのだ。宣長がここで工夫して説明しようとしているのは、現象学からいえば実情と文とのノエマ－ノエシス的な関係である。つまり問題になっているのは、対象と言語機能との志向的な関係であり、それを規定する形式性である。「文」が実情に形式を与えるのだ。そしてまた実情は――「欲望は」ではない、宣長は情と欲の区別に言及している[11]（「欲ト情トノ差別アリ」「歌ハ情ヨリイヅル」）――潜在的にその深層構造において「文」という隠喩構造をもっているということなのだ。さて、「文」をめぐる考察は、体－用論、政教論の検討を経て、「テニヲハ」（「テニハ」）という言語現象に移行していく。

> テニヲハト云モノ、和歌ノ第一ニ重スル所也、スヘテ和歌ニカキラス、吾邦一切ノ言語、コトコトクテニヲハヲ以テ分明ニ分ル、事也、吾邦ノ言語万国ニスグレテ、明ラカニ詳ラカナルハ、テニハアルヲ以テ也、異国ノ言語ハ、テニハナキユヘニ、ソノ明詳ナル事、吾邦ニ及ハス、……サレハ今日児童ノ語言ニ至ルマテモ、自然トテニハノ違フト云事ハナキ事也[12]（傍点原文ママ）

大意はこうである。「テニヲハ」というものは、和歌が第一に重視するものである。和歌にかぎらず、わが国のすべての言語はテニヲハを用いることで分明となる。わが国の言語が万国にすぐれているのは、テニヲハがあるからなのだ。異国の言語はテニヲハがないから、分明さにおいてわが国には及ばない。……だから子どもの言葉までも自然にテニヲハに従っており、まちがえるということがない。

「巧ト云ホドノ事ニハアラネド、又自然ノミニモアラズ」というのは、「テニヲハ」という統辞論的（構文）構造である。そして、「テニヲハ」の統辞構造は「吾邦ノ言語万国ニスグレ」ている特徴として称揚される。しかもこの統辞構造は幼児から自然化されているという。先の引用に続けて次のような例文が持ち出される。「モシ一ッモソノテニハ違ヘハ、ソノ詞通セズ、タトヘハ花ヲ見テ心ヲノブルト云事ヲ、花ハ見ニ心テノフルト云時ハ、一向ニ聞ヘズ」（傍点原文ママ）。のちに宣長は『詞の玉緒』および「紐鏡」で係り結びの合法則性を体系的にしめすことになるが、「テニヲハ」についてのここでの主張はその問題意識の端緒を表している。実際にはこうした統辞構造は前-反省的なレベルで言語の隠喩構造をともなっている。この隠喩構造は「テニヲハ」の形式性によって先取りされた条件において機能する。そもそも言葉による表象はひとつの置換であり、それは根源的には隠喩そのものである。その根源的な隠喩は確かに「テニヲハ」によって存在する条件がつくられるだろうが、「テニヲハ」そのものと一致するわけでもない。極論すれば「花ハ見ニ心テノフル」という表現がありえないわけではないからである。ただしいいまちがえられた構文の場合でも、「花」を主題としたこの適当につけられた助詞でつくられた文から意味は推定できる。それは、あくまで名詞を中心に助詞、動詞が区別され、それらを秩序づける統辞構造が条件として存在しているからである。宣長の分析はその点まではいたってはいない。しかし問題は、「テニヲハ」そのものをめぐる議論が『石上私淑言』では姿を消すということである。それは「テニヲハ」の議論が歌論ではなく、一般的な言語論を意味することになるからである。『あしわけをぶね』の次の主張をみてみよう。

平生ノ俗言ハ、幼稚ノ時ヨリ自然ニナラヒ得テ、我物ニナリタルユヘニ、カリニモテニハノカナハヌト云事ナシ、モシ古雅言モヨクヨクナラヒ得テ、我物ニナリタラバ、テニハノカナハヌト云事ハ、自然トナキハヅ也[13]（『あしわけをぶね』）

普通に話されている俗言は幼いときから習得され、「我物」になっているから、そこで「テニヲハ」がまちがえられるということはない。したがって古代の雅言も「テニヲハ」の合法則性が一貫しているのだから、これをよく習えばまちがえることはないはずであるという。習慣的に習得されている「テニヲハ」の一義性と、そこに古代と後代をつなぐ回路として統辞構造があるという主張である。ただし、このようにあらかじめ習得されている言語慣習であれば、「情」と「文」（＝辞）を照応させるための工夫は必要ない。「もののあはれ」の体得のために古代人の風儀人情にむかって「偽りの情」を抱えて悩み、模倣する必要もない。そしてひとが「万民の情態」を知り、理想的な政体に向かう手段としての歌道の存在意義もなくなるのである。『あしわけをぶね』のこの主張は和歌無用論になるのだ。逆にいえば歌を歌として成立させる「文」は必ずしも「テニヲハ」の機能に還元できないのだ。それがより歌論に重点を置いて改稿された『石上私淑言』で「テニヲハ」の項目が削除された理由であると考えられないだろうか。こうして、言語現象の普遍性についての議論（言語論）と、「歌は物のあわれをしるよりいでくるものなり」と宣言する『石上私淑言』の「もののあはれ」を核心とした詩学（歌論）とのあいだの分岐がここに現れてしまう。[14] 結局この分岐の解決のために、『石上私淑言』では普遍的な言語論への言及の部分のかわりに、より意識的に和歌の構造へと向かうことになる。それが「文」の内容規定としての枕詞への注目となるだろう。そして他方、残された言語論については、「もののあはれ」を核心とした歌論とは区別される方向で追求され、係り結びの体系的研究である『てにをは紐鏡』や『詞の玉緒』に結実することになるのである。

初期歌論の段階に対して、のちの『古事記伝』では、ここで顕在化している、俗言と雅言、言語論と古代への回路としての「もののあはれ」の歌論といったアポリアはテクストにそくして整合的に説明されるようになる。『古事記伝』では隠喩構造の根源性は神々の形而上学的意志として把握され、日常言語を古代的慣習や神々の知恵の系譜において把握する視座が獲得されているからだ。もちろんそのような視座が確定したあとでなお、言語の形式的構造についての宣長の体系が持つ矛盾が再度問われることにはなる。とはいえここでは言語論と歌論をめぐる分岐がきざしはじめるその痕跡を『あしわけをぶね』で確認するにとどめよう。それがもつ意味とは、日本語特有の言語構造とされる「テニヲハ」の統辞論的構造（構文）を観照することは、かならずしもただちに「もののあはれ」という情動への回帰を意味しないということである。ここから、逆説的に、宣長の「もののあはれ」のうちには、情‐辞の関係にみる言語の普遍的な構造のなかに回帰的に持ち込まれる情動という、異質なものがふくまれているということができるのである。言語活動とその習慣化においては〈反復の形式〉が機能し、この形式によって導かれる期待と快楽のメカニズムがまた習慣を構成している。宣長は「もののあはれ」という情動をこの反復の形式における期待と快楽（あるいは不快）と同一視している。だが、それは区別されなければならないものなのだ。あるいはこういってもいいだろうか。「もののあはれ」は情動の普遍性と重なるわけではない。「もののあはれ」は反復の形式にしたがうことで内在化される外在的な要素である。では、「もののあはれ」という情動が反復の形式において内在化され、習慣化される条件とは何か。それを『石上私淑言』を通して考えてみよう。

第二節 『石上私淑言』における「文《アヤ》」と「ウタフ／ヨム」

まず、『石上私淑言』における「文《アヤ》」の構造をみていこう。『石上私淑言』の第一三項「歌は物のあはれをしるよりいでくる事はうけ給はりぬ。さてその物のあはれに堪ぬときは。いかなる故にて歌のいでくるぞや」という問いに対して、宣長はこう答えている。

物のあはれをしる人は。あはれなる事にふれては。おもはじとすれ共。あはれとおもはれてやみがたし。耳よく聞人は。おそれじとすれ共おそろしう鳴神を思ふが如し。さてさやうに。せんかたなく物のあはれなる事のふかきときは。さてやみなんとすれども。心のうちにこめては。やみがたくしのびがたし。これを物のあはれにたへぬとはいふ也。さてさやうに堪がたきときは。をのづから其おもひあまる事を。言のはにいひづる物也。かくのごとくあはれにたへずして。をのづからほころび出ることばは。必長く延て文《アヤ》あるもの也。これがやがて歌也。（『石上私淑言』巻一、強調引用者）

大意はこうである。「物のあはれをしる人」は「あはれなる事」に触れたときにはやみがたく「あはれ」と思う。それは「耳よく聞人」が雷を恐れまいとしても「鳴神」を想像してしまうのと同じことである。そういうやみがたい心に堪えられないときに、思いあまって言葉となる。その言葉は長く引いて文あるものとなる。これがやがて歌となるのである。

前節の議論を参考にすれば、ここではふたつの事態がいわれている。「耳よく聞人」が雷を聞いて「鳴神」を想像してしまうのは、驚きと畏れから詩的想像力によって神的形象が参照されるということである。驚きと畏れの体験が始原的な神的形象を回帰的に反復的に想像するのである。そしてこれが「もののあはれをしる人」の例証とされている点に、すでに「もののあはれ」の回帰的性格が表れている。経験の流れのなかで、先行する時間を総括する起点が「もののあはれ」という情動なのだ。ただしこれはまだ歌以前の言語の普遍的で基礎的な隠喩能力そのままの表出である。だからそれは「長く延て文あるもの」＝〈音節化された文《アヤ》〉となるがまだ「歌」ではない。「やがて」これが歌となるのである。

では「歌」が生まれる条件としての「文」の内容はどのようなものか。宣長はこれをふたつの観点から例示している。ひとつは、枕詞をふくんだ和歌の修辞的構造である。「心にあまる事を人にきかせても」その人が「あはれ」と思わなければしかたがない。だから「歌は人のきゝて感《アハレ》とおもふ所が緊要也」とし、「神代の歌とても……必ことばを文《アヤ》なして。声おかしくあはれにうたへる物也」と、次のような事例をあげる。[16]

妻といはむとては。まづ若草のといひ。夜といはむとては。ぬば玉のうち出るたぐひなどみな。詞を文《アヤ》にして調をほどよくとゝのへむためならずや。後には敷島のやまとにはあらぬからころもころもへずしてあふよしもがなみかの原わきてながるゝいづみ川いつみきとてかこひしかるらむ

よそにのみ見てややみなむかつらきやたかまの山の峯のしら雲

これら。おもふ心をばたゞ二句にいひて。のこり三句はみな詞の文《アヤ》なり。さればいらぬ物のやうにおもふ人有べけれど。無用の詞のあやによりて。二句のあはれがこよなく深くなる也[17]（『石上私淑言』巻二）

「敷島の」「みかの原」であれば下二句が、「よそにのみ」であれば上二句が作者の心情であり、残り三句は「あはれ」を深めるためにつけられた「無用の詞のあや」なのだというのである。『石上私淑言』は賀茂真淵門下に入門する直前の作であるが、枕詞（「冠辞」）が歌の調子を整え、あふれ出る真情を代弁させる修辞法であるという真淵の見解を宣長がなぞっているようにみえる。真淵はこういっているからである。「おもふことひたぶるなるときは言たらず、言したらねば思ふ事を末にいひ、他《あだ》し言を本に冠らせついでゝ、彼五つがひのすがたをたらはせるあり……ひたぶるに真ごゝろなるを雅言もて飾れゝば也[18]」。真淵は、枕詞を中心にした叙景表現の修辞法が心情表現を「飾る」ことで和歌の「すがた」が充足されるという。さらに――ここで吉本隆明が「枕詞」を指していう「虚喩」という表現を想起してもいいが[19]――宣長は形式としての和歌の修辞性を強調している。「さてその歌といふ物は。たゞの詞のやうに事の意をくはしくつまびらかにいひのぶる物にはあらず。又其詞に深き義理のこもりたる物にもあらず。たゞ心にあはれとおもふ事をふといひ出て。うち聞こえたる迄のことなれども。其中にそこひもなくかぎりもなきあはれのふくむ事は。詞にあやあるゆへ也[20]」（『石上私淑言』巻一、強調引用者）。

歌の言語とは、日常普段にもちいる言葉のように意義をつくして説明する言葉でもなく、また深い「義理」＝概念的な意味を込めたものでもない。ただ「あはれとおもふ事」をふと言い述べて、理解されたものなのである。それでなお「あはれ」が含まれるのは「詞にあやある」からなのだと。「虚喩」あるいは数字の「虚数」のような形式性をもってその場を先取するものとしての「文」という機能――額縁的《パレルゴナル》‐副次的な機能である[21]。宣長は「文」についてのこうした把握をさらに進めている。「文」を「ウタフ／ヨム」の語義にたちかえって補完することによってである。

宣長は「ウタを與牟《ヨム》」という語が体言「歌」と用言「歌う」のふたつの意味をあらわすことを展開したあと、こう述べる。

歌を始めて製作するを余牟《ヨム》といふに二ッの義あるべし。……定りてある詞をたゞことばにつぶ〳〵とまねびいふ事也。されば古き歌をも。後にうたはずして。たゞよみにつぶ〳〵とまねびいふをば余牟《ヨム》といへるなるべし。……をのづから製作することをも余牟《ヨム》といふやうになるべし。……今一ッの義は。歌は心にあはれとおもふ事共をいひつらぬること。物をかぞふると同じ意《ココロバヘ》にて余牟《ヨム》とはいふ也。もろこしにて詩を作る事を賦するといふに此義かなへり。釈名に云。敷二-布其義一謂二之賦一とこれ物をかぞふるを余牟《ヨム》といふと其義同じ。……鄭元がいはく。賦者或造レ篇或誦レ古と。是又此方にて新歌をはじめて製作するをも古歌をたゞよみによむをも共に余牟《ヨム》といふに全くかなへり。……さて右二義のうち後の義は。をのづから賦字の意と相かなひたるはさる事なれ共。上古の言のやう。事のこゝろをつら〳〵おもふに。なお前の義まさるべき也。[22]（『石上私淑言』巻一、強調引用者）

大意はこうである。「歌をヨム」という言葉にはふたつの原義がある。ひとつは「定りてある詞をたゞことばにつぶ〳〵とまねびいふ事」、つまり定まっている言葉をつぶつぶとまねていう行為。古歌を「ウタフ」発話行為ではなく「ヨム」ようになることがこれに該当するだろう。やがて「ヨム」は新しく歌をつくって歌うことを意味する言葉にもなった。もうひとつの原義では、古語にも物の数を数えることを「ヨム」という事例がある。『詩経』六義の修辞法のひとつである「賦」（＝数えること、直叙）は、これを「ヨム」とも読ませる。これもまた後に新しい歌をつくることも、古歌を読むことをも意味する言葉として用いられるようになった。ふたつの原義のうち、「賦」の語義もあてはまるとはいえ、上古の言葉に即して考えると、「定りてある詞をたゞことばにつぶ〳〵とまねびいふ事」が「歌をヨム」ことの語義であろうと考える（なお「ヨム」に対して「詠む」という字をあてるのは古代ではなく、後世のことである）。

さて、「物を数える」意味の「ヨム」については、『あしわけをぶね』においても言及されていた。「物ヲカソフル事ヲモ、ヨムト云、コレモ二ツ、三ツ、四ツト声ニ出シテヨム也[23]」。

『あしわけをぶね』では「実情ニ文ナシテ云フガ歌」と定義され、情と辞とが跛行的に「文」に結晶化していく過程が想定されていた。ここでは「ウタフ」という〈和歌をよむこと〉の実践が、「ヨム」という言葉の原義をめぐって検討され、その結果、定まった言葉を「つぶつぶとまねびいうこと」あるいは「数えること」という把握がなされている。

さて、先に宣長は、普通の言語表現のように事の意味を詳細に定義するのでもなく、言葉に深い概念的な意味を込めるのでもなく、「たゞ心にあはれとおもふ事をふといひ出」ることが歌であると述べていた。それは「詞に文がある」からであると。六義の修辞法のひとつである「賦」の原理は言葉が指示対象を直叙的‐直示的（deictic）に表出することである。すでに触れたことであるが（序章）、「賦」は単純に「数える」ことではなく、朱子の『詩経』研究でも、「其指其名、其叙其事者、賦也（その名を指し、その事を叙述することを賦という）」（《朱子語類・〈詩〉一・綱領》）と註釈されていた。[24]『古今集』仮名序においても「たゞことにいひて物にたとへなどもせぬものなり」と解釈されている。宣長も『古今和歌集遠鏡』において「其事ヲタゞコトニ云テ　物ニタトヘナドモセヌモノヂャ」とそのまま口語訳している。[25]それは道路標識の記号《サイン》のように言葉が対象そのものを表現して、詩句が連ねられることである。「つぶつぶとまねびいうこと」「ふといひ出る」などの形容には、確かにそうした脱人格的で直叙的‐直示的な反復作用が期待されている。また宣長は「作歌」、〈歌をつくる〉という言葉が後代の言葉であり、「すべて都久留《ツクル》といふ言は。体《カタチ》のある物にいふ言也。歌は口にいひて其声のみ有て。形なきものなれば。都久留とはいふべからず」(『石上私淑言』巻二)と言明している。[26] つまり、「物」をさして口にすることを意味すると考えられるべきであり、逆に、そうではなくて「形」に働きかけること、すなわち目的語を伴う他動詞的な動作とすることは、実践の形式としての「ウタフ/ヨム」の定義にはふさわしくないのである。発生論的な言語経験ではあるが、しかしまたそれは物質的な創造ではない。ここにはすでに「なる」論理と「つくる」論理の識別が働いている。そして「ウタフ/ヨム」という行為は、そうした発生論的な作用を表出するための脱人格的で作為のない実践として考えられているのである。しかも、「定りてある詞」の意味内容に干渉することなく、すでに制度化された言葉として、しかし歌われ、よまれるという発生論的な言語経験を劣化させることなく、それを直叙的-直示的に伝達する実践である。それが日常的な会話や討論の言語使用とは異なる「歌」の言語行為だというのである。ここで、「賦」が機能する場所は、『あしわけをぶね』と『石上私淑言』では異なっていることに注意しなければならない。『あしわけをぶね』においては「賦」とはあくまで歌の本質としての対象の反復と模倣の手段であった。これに対して『石上私淑言』では「賦」の直示的な機能は「定りてある詞」を歌として表出するための手段として位置づけられるのである。「定まりてある詞」とは枕詞や序詞のような和歌の慣習的な修辞法とその喩法の構造＝「文」によって定められた言葉なのである。

　このように、『石上私淑言』における「文」は、喩の作用と力が純粋なまま損なわれずに表出される「歌」の理念的な実践のなかで働く、すでに定められた実践となるのである。こうして先に提出しておいた問いに対する答えが得られるだろう。「もののあはれ」という情動が反復の形式において内在化し、習慣化される条件とは、「定まりてある詞」の遵守である。子どものはやり歌でも「テニヲハ」の合法則性は遵守されているかもしれない。しかしそれがある理想的な習慣となるためには、そのままに放置しておいてはならない。「定まりてある詞」についての「歌」の学びが必要となるのだ。それが「文」という自覚的な習慣の形成をうながすのである。このように考えると『石上私淑言』における「文」は実情を詩的形象へ高めた歌というだけでなく、ひとつの思想的な存在様式そのものである。

興味深いことに、『あしわけをぶね』が示す「賦」が持つ方向性と、『石上私淑言』の「文」のそれは、〈始原〉を提示する〈始まり〉(=反復)の言語形象が有する二つの方向性でもある。宣長の古道論の歩みは前者から後者への移行、後者の意図的構造の徹底とみなされるかもしれない。しかし、『真暦考』でも示されていたように、二つの方向性は矛盾することなく堅持されていたと考えるべきである。

さて、宣長は『紫文要領』において歌論における「もののあはれ」の位置と作用を見定め、さらにそれを社会的実践の言説としても構築するようになる。「もののあはれ」論にもとづく古道論的な歌論の展望にいたった『紫文要領』をはさんで、『あしわけをぶね』から『石上私淑言』への転回過程にあるのは、古典テクストを一義的存在とする歌論――それは堂上歌論や古今伝授とはまったく違う意味において、制度化された言説となったということを意味する――と、発生論的な実情とをどのように結晶化させるかという関心であった。ただし「もののあはれ」の歌論における浮上は、この関心を和歌をとおして習慣性をもった主体の構築へと踏み出させていく。この関心のもとで、情-辞の関係や「文」の構造において把握されていた言語論についての探求は、削除されたというよりも、社会的主体の構築へと向かう宣長の関心の優先順位にしたがって、先送りされたと考えられる。

「死への配慮」

『あしわけをぶね』と『石上私淑言』を比較したとき、前者になくて後者には盛り込まれ、なおかつ無視できない一節がある。それは〈死〉を参照するくだりである。宣長は、「物をあはれと思はすることは、詩よりも歌をまさる」という、詩に対して歌がより「物のあはれ」を表現するという主張の本意はどういうことかという問いに答えて、こういう例えを述べる。

たとひを引てその心ばへをいはば。よに罪なき人ふたりをとらへて。殺さんとする者あらんに。……すゞろに人ころすはよにあしき事のよしをねんごろにさとしつゝ。物によそへなどして事の心をいとのどやかにときかするに。すこしはげにと思へるけしきの有ながらも。おもひとゞまる迄はあらで。猶きりてんとするに。

とらへられたるが一人はいさぎよくおもひとりたるけしきにて。なに事もみなさるべきにこそと思へば。かくてしなんも命は露おしからず。たゞ横さまに人ころす人のゆくゑこそいとおしけれ。まさによき事有なんやなどやうにいふに。いよ〳〵はらただしくなりて。終にこのひとりをばきり殺しぬ。さて今一人はこよなうかなしがりて。ひたぶるになきまどひつゝ物もおぼえずふしつゞみて。額に手をあててたゞあが君命たすけ給へ〳〵とのみよばふにぞ。岩木ならぬ心はさすがにあはれとおもひなりて。刀をすててゆるしやりにける。これになずらへて詩と歌のけぢめを思ひわくべし。[27]（『石上私淑言』巻二）

まだ先があるのだが、ここまでで大意を述べよう。無辜の罪人が二人いる。二人とも殺そうとする者に、無慈悲な殺人をやめるように諭すものがいる。刑の執行者はその説諭になるほどと思う気持ちが動くが、そのとき罪人の一人が悟りきったようすで、死ぬことはおしくはないが、殺す人間の行方こそあわれであるという。それはりっぱな答えに思えるが、この言葉に腹ただしさを覚えた執行者はこの一人を切り殺す。一方、もう一人は悲嘆にくれて額に手をあててどうか助けてほしいとあわれに命乞いをする。そのさまをみた執行者は、刀をすててもう一人を許すというのである。ここに詩と歌の違いがある。いうまでもなく、悟りきった罪人の態度が詩であり、命乞いをするもうひとりの罪人が歌である。宣長はその違いをこう説明する。

まことに人わろくめゝしく。何のことはりも聞こえずいとかたくなゝるわざなれども。おもひもかけずすゞろにころされなんとするおりの心のうち。まことは誰もかゝるべきわざにて。其かなしさをつゝまずつくろはず。ありのまゝにふるまひたる故に。其ありさまを目のまへに見聞ては。いかにたけきものゝふも。其心を推量してをのづからあはれと思ふ心はいでくる也。(同右)

大意は、人は確かに考えが浅く女々しく、何の道理も理解せず頑迷であるが、思わず何の理由もなく殺されるというときの心情は、誰も同じであろう。悲嘆慷慨をかくさず、ありのままにふるまうはずである。その様子をみれば勇ましい武士もおのずからあはれだという感情をもつものだ、という。

詩（と儒学）の特徴としての常理に訴えることの非現実性と、賢しく相手の行く末を同情することの傲慢さに対して、和歌の立場は何よりもまず切実な自分自身の心情を表露するので、それが真の共感を形成することができるという「もののあはれ」の効用を伝える挿話である。問題は切実な心理状況を例示するために、宣長が用いている〈死〉という表象である。その切実さのまえではいかなるほかの感情も虚偽になってしまうような限界状況としての〈死〉。〈死〉に向かう心情こそ本来的であり、それによって日常的に抱くほかの心情や気分、態度はすべて非本来的な存在とされるのだ[28]。そして、〈死〉を介して〈本来的〉な心情によって構築される共感が「もののあはれ」だというのだ。〈死〉を内包したこの「もののあはれ」の言説構成は、時間の流れを総括する〈反復の形式〉を考えるとき、重要な意味をもつ。たとえば〈反復されない体験〉が想定されるかもしれない。反復したくないというのは、抑圧体験や不快感があるからである。それは習慣にはならない。しかし宣長における反復という問題は、こうした〈死〉の仮象や抑圧体験をも「もののあはれ」の対象となり契機となるとすることで、「反復されない抑圧体験」をも含んだ反復が可能となる。むしろそうした根源性を包括していることに、「もののあはれ」という契機の本質がある。「もののあはれ」という契機はいっさいの過去を排除しないように構成されているのだ。しかし、それはあくまで〈死〉という契機を内包したものとして構成されているからである。〈死〉とは存在しているものでありつつ、同時にその存在がそもそも非‐存在である。それゆえに〈死〉があらゆる本質的な問いの源泉となることは避けられない。その意味で、「もののあはれ」とは〈死〉という問いの根源性を横領した言説のひとつであるというべきだ。いいかえれば、神話の時間や習慣を提示する方法であった純粋形式が、〈死〉という契機を内包した〈もののあはれ〉を起点とする形式に横領されるのである。

そもそも、死をまえにして決然とした態度をとる立場と、命乞いをする態度のどちらが本来的であるかということはいえない。宣長の主張は、あくまで「もののあはれ」という観点からみたうえでの〈死〉についての総括でしかない。詩と歌のどちらが本来的か、どちらが人の弱さと強さをそなえた十全性を持つかという宣長の問いは、すでに宣長が横領する〈死〉の理解によって目的論化されている。その問いによって宣長はその問いに答える相手を、「もののあはれ」が導く、「どちらが本来的な心情の理解者であるか」という差異化＝卓越化の作用にすでに巻き込んでいるのである。ここには宣長の言説に配された主体化の契機がはらまれている。

ところで、宣長の「もののあはれ」という言説とその「死への配慮」という契機については、これが生の刹那的な現前を再-現前する形而上学として機能するという批判が可能である。実際、『石上私淑言』巻二は「大和」の語源からはじまり、「吾御国は天照大御神の御国として。佗国々《アダシクニグニ》にすぐれ。めでたくたへなる御国なれば」という「吾御国」の一義性を説く古道論と歌道とを統合したうえで、「もののあはれ」の歌論を展開していく。[29]こうした言説構成から、「もののあはれ」と〈死〉への配慮との結合は、古代ヤマト言葉に対する理念化がはたす「宣長の音声中心主義」とともに、宣長の「現前の形而上学」を構成するものであると指摘できる。[30]ただし、こうした批判では、宣長における自己同一的な言説が、同時に〈始まり〉とその崩壊を繰り返す〈反復の形式〉を視野におさめていることが留意されないのではないかと考える。過去を総括する〈反復の形式〉がつくりだす生の存在様式とは、永遠の現在の現前を期待するというよりは、ただちに途絶されるようなたぐいのものだ。〈始まり〉は、〈反復〉とともに何度も繰り返され、そのつど廃絶されるのである。この〈反復の形式〉についての配慮がないまま、宣長における〈生〉の永遠の現前と、それによって〈日本〉という理念的な自己同一性が現前されるという構成だけをみるとどうなるだろうか。それは〈反復〉をとおして可能となる〈生〉の充溢という、〈生〉についての一般的な規定をも失ってしまうのではないか。それによってひとびとの習慣がはらんでいる神秘について理解したことになるのであろうか。

ここで区別しなければならないことは、〈始原〉の形而上学と、〈始まり〉という〈反復〉についてである。前者を中心的な問題にするならば、つねに他者と差異を否定する自己中心的な一義性に固執することになるだろう。そして〈始原〉を説き出そうとする言説をそうした一義性の構築に固執する自己同一的な言説として批判することになるだろう。だがそもそも〈始まり〉は常に差異を有した――〈差異をつくる／おこなう making difference〉あるいは〈差異を産出する producing difference〉という意味で――〈反復の形式〉を本質としていることに留意するならばどうだろうか。その場合は自己同一化を徹底しているかにみえる宣長の言説が、実際には「賦」と「文」のあいだ、差異と反復のあいだを往復しているように、〈生〉がつねに断絶する〈反復〉という線分から構成されていることに注目することになる。それは歴史における〈生〉の充溢の根拠をしめすものではないだろうか。[31]〈生〉が常に新たな〈始まり〉（＝差異）をともなうものであるという意味での充溢を。宣長の「現前の形而上学」が機能するのは、〈生〉の経験が獲得される歴史的瞬間が条件となっているからである。死を前にした〈生〉の充溢も、不可知の〈他者〉によってもたらされる不安の感覚も、〈生〉の歴史的瞬間に他ならない。宣長はその経験の普遍性を横領しているのである。この横領に対する適切な批判とは、ひとびとにとって普遍的な〈生〉の歴史的瞬間を正当に位置づけることではないだろうか。逆に、〈生〉の歴史的瞬間を適切にあつかえないならば、その批判はひとびとの経験という集合的・共同的な意識をあつかえないことになる。いわばそこでは、〈民衆の経験〉への視点が不在となるのではないだろうか。

なお、宣長の古学における〈死〉の意味については終章において再びとりあげることとする。

注

1 大久保正「解題」、宣長全、二、二一頁。子安宣邦『平田篤胤の世界』(ぺりかん社、二〇〇一年)、頁。

2 宣長全、二、三〜四頁。

3 同右、八七〜八八頁。

4 同右、三三〜三四頁。なお、『あしわけをぶね』における実情論と「まことの歌」論の議論のねじれについては、風間誠史「本居宣長の『文学』初期詠歌と『排蘆小船』を読む」(長島引明編『本居宣長の世界 和歌・注釈・思想』、森話社、二〇〇五年、所収)が参考になる。

5 宣長全、二、四四頁。

6 「本居宣長随筆第二巻」、宣長全、一三、七〇頁。

7 荻生徂徠「徂徠先生答問書」、『日本古典文学大系 近世文学論集』(岩波書店、一九六六年)、一七四頁。

8 たとえば村岡典嗣「徂徠学と宣長学との関係」、村岡『新編 日本思想史研究』(平凡社東洋文庫、二〇〇四年)、また子安宣邦『本居宣長』(岩波新書、一九九二年)。

9 このふたつの過程を区別するにあたっては、酒井直樹の議論が参考になる。酒井は徂徠から宣長にいたる古代言語の習得という実践を身体的運動として、身体的な発話行為による身体化として捉えた。これはメルロ=ポンティ的な間主観性への偏向があり、統辞構造の反復的形式性は配慮されていない。とはいえ村岡典嗣以来の徂徠学—宣長学の系譜に発話行為と翻訳の実践系というもうひとつの問題系を持ち込んだのは酒井の功績である。酒井直樹『過去の声　一八世紀日本の言説における言語の地位』（酒井直樹監訳、川田潤・斎藤一・末廣幹・野口良平・浜邦彦訳、以文社、二〇〇二年）。
10 宣長全、二、四八頁。
11 同右、二六〜二七頁。
12 同右、五〇頁。
13 同右、五一頁。
14 同右、九九頁。
15 同右、一〇九頁。
16 同右、一一三頁。
17 同右。
18 賀茂真淵『冠辞考』、『賀茂真淵全集』第八巻（続群書類従完成会、一九七八年）、三頁。
19 吉本隆明『初期歌謡論』（河出書房新社、一九七七年）、二四一頁。
20 宣長全、二、一一三頁。
21 ジャック・デリダ『絵画における真理』上、高橋允昭・阿部宏慈訳（法政大学出版局、一九九七年）。
22 宣長全、二、一一九〜一二〇頁。
23 同右、二〇頁。
24 檀作文《朱熹詩経学研究》（北京：學苑出版社、二〇〇三年）、二〇六頁。
25 宣長全、三、一九頁。
26 宣長全、二、一二〇頁。

27 同右、一七〇頁。
28 いうまでもなく〈死〉による存在の本来性の自覚という構図はハイデガーの議論を参照している。ハイデガー『存在と時間』下（細谷貞雄訳、ちくま学芸文庫、一九九四年）第二編第一章。
29 宣長全、二、一五四〜一五五頁。
30 酒井直樹は、「死への配慮」が生の刹那的な現前を再-現前するような効果を「もののあはれ」が持つことで、現前の形而上学のひとつとして考える。前掲、酒井、三九六〜三六八頁。
31 なお、こうした問題に関して、ジョルジュ・アガンベンによる「起源の瞬間への固執」と「（メシア的）成就の瞬間への固執」の区別をふまえた、脱構築に対する問題提起は重要である。ジョルジュ・アガンベン『残りの時　パウロ講義』（上村忠男訳、岩波書店、二〇〇五年）、一六六〜一六八頁。

第三章

「もののあはれ」の美学的構造と その反-可能性

第一節　宣長「もののあはれ」論の形式性

次にしめすのは、本居宣長の『紫文要領』（一七六三＝宝暦一三年）の中の一節、光源氏が玉かつらの君に向かって物語論を語るくだり、「菩提と煩悩」の区別をめぐる箇所である。『湖月抄』など多くの注釈書が仏法の検討から紫式部の法華教受容に言及していくことに対して、宣長はそうした典拠への参照は物語の本意ではないとする。

漢文の書も歌物語も、〔畢竟の極意は一致なる事、佛の御法のひとつむねにあたるか如し、さてその漢文の書も歌物語も、一致とはいかにといふに、人のよきあしき、そのわかちを〕人にしめし〔しらさんと思ふ〕本意は、漢〔文の書も歌物語も一致にしてことなることなき事、佛の御法も、菩提と煩悩との間を説給ふより外はなきか如しと也」〔…中略…〕漢文の書〔と物語と〕異也、物語のよきとするは、物の哀をしる人也、あしきとするは、物の哀をしらぬ人也[1]（『紫文要領』）

本居宣長の『源氏物語』注釈である『紫文要領』（一七六三＝宝暦一三年）は、宣長の「もののあはれ」論が形式化の遂行によって把握されていることをよくしめしている。仏法は実説を説くために「方便」を用い、菩提（＝さとり）と煩悩（＝迷い）との区別をしめしながら、結局は一つの目標に向かっていく。この仏法と物語が畢竟は「人のよきあしき」を人にしめすという目標に向かっていく「極意」は「一致」しているというのである。宣長は、先行する諸抄の注解に対抗するこうした形式化の読みの正当性を、次の点から裏付ける。第一に、「仏のいとうるはしき心にてときをき給へる御法」という『源氏物語』の章句を注釈して、「うるはしき」が俗言に訳せば「みなきっとしてたゝしきこと」であることに注意を向ける。[2]「仏」の属性であり、その「心」にかかっている形容詞「うるはし」を取り出すことで、「仏」と「うるはし」とのあいだにある間隙と差異を際だたせ、仏法論議から物語の「極意」へと文脈をずらすのだ。第二に、「方便」の語義についても、法華教を実教とし、他宗派を方便とするような解釈は誤りであるとし、終局的な極意へと文脈の力点を移動する。第三に、「菩提と煩悩のへだたり」にいう「へだたり」を天台宗の法文に即して解釈することの誤りを指摘する。[3] そもそもこの蛍巻の段が、光源氏が玉かつらの君に向かって物語論を説き明かすくだりである以上、宗旨の違いや仏法の大義を展開するはずがないという。ここでしめされているのは、言葉の語釈や語義に留意する解釈ではなく、自己同一的なテクストの文脈を優先する〈読み〉である。それによってテクスト内のさまざまな発話はテクストの統一性にしたがって差異化され、相対化されるのである。

こうして、物語のナラティヴが参照する具体性をともなって説明される言葉は、現実的で感覚的だが抽象的な観念である「もののあはれ」という物語論と歌道の核心にむかって相対化され、形式化されるのである。そして『源氏物語』だけではなく、儒仏の教説における相違も変化もおしなべてこの極意を表現しているだけであると総括される。宣長はいう。「すへてよしあしといふ物は、其道〳〵によりてかはり、又時にふれ所にしたかひ、事によりてかはり有也、仏の道にてよしとする事も、儒家にてあしゝとし、儒道にてよしとする事も、仏家にてあしゝとする事もある」[4]。宣長の読みにしたがえば、教説の言葉の差異は単一の極意を表現する手段となるのである。

物語の極意とは、「物の哀をしらする」ことである。すなわち、「たゞ人情の有のまゝを書きしるして、みる人に、人の情はかくのごとき物そといふ事をしらする也、是物の哀をしらする也」という立場である[5]。情を抑圧する儒仏の教誡論ではなく、あるいはこれに対する対抗言説としてただ情に従うことのみを賞賛する立場でもなく、普遍的な経験としての情を自己‐参照的（self-referential）に「書きしるす」こと＝書記化することである。そしてこの極意を抽出するために取られているのが形式化という操作であり、テクスト内部の差異を指標とした〈読み〉であった。「源氏見ざる歌詠みは遺恨のことなり」と〈歌〉の生誕の場として歌物語＝『源氏物語』を位置づけた藤原俊成以来の『源氏物語』評価を継承しつつも、宣長は形式性という了解構造にもとづいた〈読み〉を源氏物語論に持ち込んだのである。

それとともに宣長の操作は、「風儀人情」という「生」の経験の連続性のうちに、「もののあはれ」という〈体験〉を出現させることで、経験の連続性に〈意味〉を与えようとするものである。これは、経験と〈体験〉という具体的なものと抽象的観念とのあいだの相互作用を見定める観照的で現象学的＝存在論的な操作に等しい。宣長の言説が観照の対象とし、情動の共振を誘っているのは、情愛や惜別の葛藤的な感情だけではなく、「もののあはれ」という自己‐参照的な観念そのものなのである。[6] それによって、形式化された抽象的観念としての「もののあはれ」そのものに触れる情動の存在論的な働きを抽出しているのである。ここには、のちに『古事記伝』において徹底して論じられることになる、始原的な詩的言語の創造という問題が、あるいは同じことだが、言語現象における〈説話論〉的訪れという問題が胚胎している。[7] だがまた、このように〈体験〉を昇華する操作は、主観的経験から出発して、経験に普遍的な〈意味〉を与えるひとつの美学的構造をなしている。

本章で論じてみたいことは、こうした経験の昇華の論理としての「もののあはれ」を『紫文要領』というテクストに即して、美学的構造という観点から分析してみることである。それによって、宣長の学的体系において、主観的体験から構成される美学が、文献学的倫理主義を介して民族的共同性の〈非連続的な系譜《フィリエイション》〉に〈養子縁組《アフィリエイション》〉を再構築しようとする試みの端緒を見定めたいと考えるものである。[8] とはいえ本章の関心は、「生きられた体験に参入しようとする解釈学的な誘惑」、いいかえれば〈体験〉の再現前という欲望に抗するために、〈体験〉の論理と宣長の神学との密通を暴露しようということにはない。[9] むしろ、ここで追求したいのは、そうした〈体験〉批判よりも、〈体験〉の創出の条件とそれにかかわる倫理的‐教育的《ペダゴジー》効果という問題である。

なお以上のような関心から、本章では、「もののあはれ」の美学的構造と、それを導出する宣長の〈読み〉をもっともよく見渡すことができる『紫文要領』というテクストを選んだ。それが、「もののあはれ」という主題を論じながら、宣長の初期の論考である『石上私淑言』ではなく『紫文要領』を対象にした理由である。[10]

第二節　「物の哀をしらする」の論理

ところで、儒仏の教誡否定論を展開する一方で、宣長は物語論について、「儒佛のいはゆる教誡にはあらで、物の哀をしれとおしゆる教誡といふへし」と、あえて教誡と強弁するならば、「もののあはれ」を他者に知らせる教誡なのだと主張している。「物の哀をしらぬ人」に対しては、あえてそれを知らなければならないと。ここでは内面的な得心が、おさえがたく発露するという段階と、それと同時に、他者との体験の共有という段階の二つが区別されている。この二つの働きはどのような関係にあるのだろうか。まず、「もののあはれ」における内面的な得心の構造を「け（げ）にさもあらん」の論理からみていこう。

『源氏物語』蛍巻における絵物語の毀誉褒貶のくだりでは、物語の虚構性の肯定が説かれる。そこで宣長によって強調されるのは、「いつはり」＝虚構だからこそ、「げに」という得心が生まれるのだという論断である。そして宣長は、『源氏物語』の言葉、「さても此いつはり共の中に、けにさもあらんと哀をみせ、つき〳〵しうつゝけたる、はたはかなしこととしりなから、いたつらにこゝろうき」（強調引用者）における「けにさもあるへき」「けにさもあらん」を次のように注釈するのである。

〔全體《すへて》は〕偽〔なれ共《とはいへ共》〕、その中に、けにさもあるへき事と見えて、〔感する所あるもの也、〕偽なからも《としりなからも》、〔似つかしはくいひつゝけたる所をみれは《あはれと思はれ》、又〕いたつらに心のうこく〔もの《と》〕也、いたつらにと〔云は《は》〕、実に今ある事に心をうこかすは、その〔詮《かひ》〕もあれはいたつらなら〔す《ぬを》〕、そら言の物語をみて、心をうこかすは、〔詮《かひ》〕なくいたつら〔也《なれは》〕、○下心、けにさもあらんと哀を見せといふ所〔が〕、源氏物語の〔緊要《むね》〕也、〔物の哀をしるといふは、こゝの事也〕[11]（『紫文要領』）

「偽」と知りながら、「けにさもあるへき」と虚構の物語に心が動くということは、「いたつら」な動きである。『源氏物語』蛍巻における絵物語についての他愛ない会話は、「古物語」を子女の読み物としておとしめる体裁を取って、実際には物語を賞賛するくだりである。それはあくまで「遊び」としての物語の、しかしその「はかなさ」を真剣に論じる場面である。「いたつら」な心の動きとは、まず無益で無心な遊びとしての心の作用だということである。それは、現実に即して心が動くという「実に今ある事に心をうこかす」ことではない。そうした心の働きは、「詮」(かひ=甲斐)を期待することである。「詮」に規定されているということは、打算や功利などの外的な関係のうちに自己が埋没しているということである。これに対して、「かひなくいたつらな」心の動きとは、無益で自由な遊びのなかで、「げに」と自己のうちから発して、その自己に関心を持ち、その声を聞くということだ。つまり外的な関係のなかに埋没している自己を、外部的な訪れ=触発を介して、驚きとともに発見することが、「かひなくいたつらな」心の動きに託されているのである。その心の動きはひとつの選択であり、その選択によって自己を発見するのである。虚構の物語に心を動かすとは、まずは、このようにして外的な訪れを介して自己を発見し、自己への関心という選択へと向かう行為なのである。そしてこの驚きは、「げに」と、自己の経験のなかに対応するものを発見し自己‐参照的に思い当たることで、さらに深められるのである。驚きの体験や未知の対象を理性的に統御しようとするのではなく、これに触発されている自己の心の動きに即していくこうした能力は、驚きに触発されつつ、そのなかで観照する能力といっていい[12]。それは自己と自己の外部との境界に位置し続けるということである。この〈体験〉を観照する能力に留意しつつ、この過程をもう少し詳細にみてみよう。それは「げに」の体験が他者に向かって発話されずにはおかないという構造、つまり形式的な共同性が他者とのあいだで共時化されるという構造にかかわっている。

『源氏物語』では物語を促す驚きは二種類ある。「けにさもあらんと思はるゝこと」＝〈すでに存在したこと〉と、「見るにあるましき事と思はるゝこと」＝〈初めて体験すること〉である。しかし後者の驚きは宣長によれば「一興迄也」とされ、物語論からいって本質的ではない。それは「哀」をともなうものではないからだ。

さて、驚きの体験を前にすると、「いたつらに心うこき、かた心つく」、つまり思いがけなく心が動き、気にかかる。つまり、この「体験」は思いがけず、脱自的にやってくるのである（「人《よむ》の心を感せしめ、物の哀をしらする」[13]）。こうした衝動は、同時に他人にも伝えられずにはおかない。宣長が引用する『源氏物語』本文においてはこういわれている。「その人のうへとて、ありのまゝにいひいつることこそなけれ、よきもあしきも世にふる人の有様の、みるにもあかす、聞にもあまることを、後の世にもいひつたへさせまほしきふしぐを、心にこめかたくて、いひをきはしめたる也」[14]。ここで脱自的な体験をした自己は、「いひつたへさせまほしき」と思い、そうしないと何かが完結しないように感じるのである。それは脱自化した自己を回復することであり、その回復過程で、そこで得られた実存的な固有の時間性が、その脱自的な経験の起点を求め、それにふさわしい表現を構成することを求めるからである。どういうことだろうか。

驚きの体験とは、脱自的で由緒がわからない体験である。それは神的な体験でありしかも——外部的で他者的なるものの到来である。しかも宣長の記述のうち、次のことに留意しておかなくてはならない。それは、「さもあらん」と思い当たるとき、外部的な触発の体験と、自らの経験のうちで対応するものとは、同一であるということを意味していないということである。「さも」=〈as if〉という感知は、いまだその内容を分節化されていない。そこで感知されているのは——解釈学的な言い方をすれば——、〈存在〉にほかならない。いまだ分節化されていない〈存在〉がそこで感知されるのである。ここで感知された〈存在〉を完全に分節化することはできない。それは自己の外部に属しているからである。しかし、「けにさもあらん」という得心は、この外的な体験を既知の経験に即して経験し直すことを可能にするだろう。そうすることで〈存在〉の内容ではなく、その〈意味〉が分節化され、この体験は経験の連続性のなかにとりこまれるだろう。だがそれでもなお、この体験の根拠として、感知された〈存在〉は外部性に属したままだということは、忘れてはならない。「さもあらん」「さもあるへき」と得心する契機は自己の外部からやってくるからである。

このように、「もののあはれ」の主観的共同性は閉じた共同性にはとどまりえない契機を有している。それは、触発という普遍的な契機に対する反応が形式的に保証されているという意味でもあるのだ。

ではこの体験を誰かに伝えたいということは、どのような働きから説明されるのか。「伝える」ということは、体験を模倣し、再現=表現するということである。それは、他者性に領有されて脱自化した自己が、表現を介して、再び自己に回帰するプロセスだといっていいだろう。そうして再び自己自身の連続性を確保するのである。だから体験を言い聞かせようとする相手は、自己とのあいだで共同性を有しているものである必要がある。ハンス＝ゲオルグ・ガダマーが示したように、このような相手は悲劇における〈観客〉に等しい。〈観客〉は表現の本質的な一部なのである。[15] 脱自的な体験にともなう、こうした表現と〈観客〉＝発話あるいは書記化による再現という契機を経て、自己の経験は完結するのである。それは美的体験に著しい、〈観客〉とのあいだで共有される実存的な固有の時間性をもった非日常性の体験なのである。

宣長は驚きの体験をめぐる注釈において、『湖月抄』のように唐朝の書籍になぞらえたり、勧善懲悪の教訓を後世に残すためなどの解釈は排除したうえで次のようにいう。「今人世《もし》にためしなき、めつらしきあやしき事を見《聞》たらんに、我心の内に〔のみ〕、あやしき事哉、めつらしき事哉、めつらしき事哉と思〔ふ〕《ひ》て〔計はゐられぬ物也《のみは過しかた〔き〕くて〔にて〕》、さやうの事を見聞けば」、人《早く》にかたりてきかせまほしき物也[16]」。あやしく、めずらしい事を体験すると、この体験が自分だけのものとは思えない。そこで人に語り聞かせたくなる。それが歌道に通じるのである。「これはと思ふことはみなし か《〔なり〕にて、》〔り、詩〕歌のいてくるも、〔この所也[17]〕」。かくして、『源氏物語』はこうした「物の哀」という情動の発露の構造を内包した物語であると位置づけられ、こう宣言されるのである。「此物語《は》〔物の哀をしるより外なし〕、作者の〔本意〕が、物の哀より〔書《出て》出たる物《〔にて〕》なれは〕、その見るにもあかす、聞にもあまる事共をかき〔て、そ〕《顕したるなれは、こ》れをよまん人にも、物の哀をしらさむため〔といふ〕《なる》事[18]（強調引用者）。

物語を〈読む〉＝自己を投企することとは、触発のなかでその驚きを失わずに観照する能力を実践することなのである。宣長によればそれが歌道における発話＝歌を詠むという行為をもたらすのである。そして「もののあはれ」における外部性を保持した主観的共同性もまたそのなかで構成される。外的な触発をとおして、外的な関係のうちに埋没していた状態から自己が区別され、自己の心の動きへの関心の立場が選択されることで、経験を超出する〈体験〉が経験の連続性のなかにとりこまれる。それは経験の過程の全体に〈意味〉を与えるのである。これはいいかえれば、外部に属する〈存在〉と、〈観客〉とのあいだで合目的的な関係を取り結ぶために、自他の境界という不安な位置に自己が位置しつづけるということでもある。だが見方をかえれば、この過程はつぎのこともはらんでいる。驚きの体験が経験における〈意味〉となるということは、自己への関心の範囲内において、主観的な経験の連続性のうちに驚きという外部性が反復されるということでもある。ここで確かにこの外部性の反復とは、今日の脱構築批評でいわれるような、他者性の抑圧に等しい作用であるかのようにみえるかもしれない。だが、「けにさもあらん」として反復される外部性、つまり、そこにおける〈体験〉の反復とは、単純に同一の出発点にもどることを意味しない。反復における自己‐参照には、単純に鏡に映った鏡像と自己との関係のような反射的な関係だけがあるわけではない。すでにしめしたように、「さも」という機制が外部的な触発の体験と、自らのうちでそれに対応するものという二つのものの同一化というよりは差異化を含んでいるように、反復における自己‐参照には時間的先後関係において生まれている、「げに」という情動についての観念と、それに触発される身体的な情動との影響関係が含まれているからだ（この意味で反射的reflectiveであるだけでなく、回帰的recursiveなのである）。「けにさもあらん」という観念は歌の言葉をとおして〈観客〉化され、ふたたび身体的な情動を触発する。観照のなかで、〈体験〉の反復と差異化の連続的な触発は止むことなく続いているのである。

さらに、「けにさもあらん」という得心においては、自己を中心的な境位とした全体性が構成されている。〈全体性〉は、実践の開かれた遂行性とは対照的に理解されるため、今日では評判の悪い概念のひとつである。だが、ここでいう〈全体性〉においては、その形式のもとで止むことのない触発が持続している。ここには既知と非-既知のあいだを行き戻りつする〈多様で開かれた全体性〉という全体性がイメージされる必要があるのだ。ここで重要なことは、「けにさもあらん」という情動の自己-参照的反復とそれについての観照を、自己同一化するナショナル・アイデンティティの確立と同一視しないことなのである。

　だがまた、「もののあはれ」という、自己-参照的反復としての情動のうちには、宣長によって、共同性を内部につくりだし、ナショナル・アイデンティティへと結合していく契機もまた導入されるのである。さきに宣長は、『源氏物語』において物語を促す二種類の驚きを、「けにさもあらんと思はるゝこと」と「見るにあさましき事と思はるゝこと」とに区別し、前者は「哀」をともなうものであり、後者を「一興迄也」と断じた。ここで注意しなければならないのは、あえて強調される「哀」という機制である。それ自体は普遍的な形式をもった「驚き」のうちに、「哀」の有無という、回帰的な感情の経験の有無を基準にした優劣の区別が導入されるのである。そして、美学的構造においていうならば、この経験の基準としての「哀」の有無とは、趣味判断にもとづく共同性と、美学の俗化にかかわる問題である。[19] 次節ではこの論点について考察してみたい。

第三節　「好」とナショナル・ペダゴジーの成立

では、「哀」という機制がナショナル・アイデンティティの形成において果たす役割とはなにか。このことを「けにさもあらん」「けにさもあるへき」という主観的経験から普遍的な共通感情に接続されていく宣長の「もののあはれ」の論理における、その核心としての美学の構造と、美学の俗化という観点から考察しよう。

宣長は『河海抄』『花鳥余情』『湖月抄』などの『源氏物語』の諸注釈書の評価、歌道における秘伝批判を踏まえて、歌道を「性情よりいつる物にて、其人の才智と好《スキ》とによる事」としている。

大よそ学問といふ物は、諸道共に、貴賤をもて勝劣をわかつ物にあらす、又其家とて定まりたるか、必よき物にもあらす、……歌の道は、性情よりいつる物にて、其人の才智と好《スキ》とによる事、もとよりいふにをよはさる事、歌学も又しかなり、されは其家其人とて、みたりに信すへきにあらす[20]（『紫文要領』）

ここで宣長は、身分や秘伝からの自由を説きながら、歌道における、好悪、いいかえれば趣味判断を基準とする美的感情の優位をしめしている。風流や好事を意味する「好《スキ》」を趣味の好悪と解釈することに問題はないだろう。好悪とは一つの傾向をもった感情である。「げに」についての議論でみたように、主観的経験のうちにとりこまれる共通感情から、宣長は儒仏の教誡論はあらかじめ排除していた。儒仏の道徳や他者との比較によって定められる倫理的な基準こそむしろ世間的で常識的な共通感情だと考えることも可能だが、宣長はそうは考えない。宣長にとっての共通感情とは、「性情」にもとづく「好《スキ》」なのである。つまり、美的な——あるいは「雅な」と言い換えてもいいかも知れないが——趣味以外にはないのである。カントが〈真の共通感覚は趣味である〉といった言葉がその逆説的な意味もふくめてここであてはまるだろう。[21]「趣味」は個々の主観のうちに拡散しており、多様性を保証している。したがってそれは「世間」を体現しているが、同時に万人に共通の「趣味」はない。ここでカントがいう「共通感覚」とは、概念を介することなく、美的感情を可能にする普遍的能力の共通性ということである。カントにひきつけていえば、宣長において形式化された「共通感覚」が「哀」に関わる美的感情なのであるといえよう。ではそれはどのような傾向をもった美的感情なのか。

「もののあはれ」の形式性は、形式は感知できるがその内容はまだ分節化されない観照を修辞的言語で表現するという意味で、既知と非-既知のあいだを行きつ戻りつする喩の働きである。とりわけそれは、対象の喪失そのものというよりも、その喪失の経験を形式的に喩的に、潜勢的に先取しようとする機制として働いている。宣長は、『源氏物語』において、柏木の不義に対する光源氏の態度を参照して、不義淫乱に直面しても、「物の哀をさきとして、淫事をすてゝかゝはらぬ事をしるべし」と注釈する。さらに「をのかうらみいかりをはさしをきて、物の哀をさきとし給ふ事」を賞揚する。[22]対象の喪失の回復や報復ではなく、むしろそれに先んじて喪失の経験を「物の哀」の形式において先取りするのである。精神分析でいわれるトラウマ体験に対する反復強迫に似た喪失経験の反復である。あるいは脱構築批評がいうように、テクストと生きた経験との分裂であり、反復しえない、失われた〈生〉の経験を代補＝現前しようとする機制と考えることもできよう。いずれにしても、「もののあはれ」という先取の構造は喪失という体験（＝「死への配慮」）と深く関わる。[23] そして、宣長の場合、「うらみいかりをはさしおきて」というように、この先取の構造において、喪失にともなう葛藤を馴致しようとする機制は、そうした経験の全体を感知している観照する能力が前提になければならない。ただし柏木の例において留意しなければならないことは、観照する能力は、「うらみいかりをはさしおく」主体の自己統治の能力に転じているということである。観照における潜勢的な「配慮」はひとつの傾向へと実現されるのだ。

宣長はいう。「源氏君の柏木を哀におほしめすとは、いたりて物の哀を深くしる人にあらすは、かくはえあるまじき事也、……好色は人ことにまぬかれかたく、しのひかたき情のある物といふ事をしり給ふ故に、とかめ給はす、哀におほしめす也[24]」。宣長が歌物語や詩歌の核心に「好色」「密通」をおくことの理由は、そこに残酷で「一生涯わすれ給はず」

というような耐えがたい葛藤が生まれるからであるが、だからこそまた、その葛藤を馴致することが主体の経験にとっての〈意味〉となる。[25]〈意味〉が主体の経験に事件性をもたらすとすれば、それは自己統治の機制があってこそなのである。そしてこの自己統治において、「品くらゐのよしあし」という美学的基準の導入が重要となる。

人のうへには心のよしあし、しわざのよしあし、かたちのよしあし、品くらゐのよしあしある也、其外すへての事にみなよしあしあり、然れはよき事のかきりをえりいつるときは、心もしわさもかたちもしなくらゐも其外も、みなよきをえりいつる也、……物語にても心としわさのよきをよき人とする也、その心としわさのよきといふは、物のあはれをしる事也[26]

人間のよしあしには「品くらゐのよしあし」があり、そのなかで「心としわさ」の良きものこそが「物の哀をしる」のである。さまざまの難儀への対処においても、「いやしき人」と「品くらゐのたかき人」とのあいだには差が出る。「品くらゐたかき人のうへにては、同じ物の哀も深く感する也」と、難儀に対して「いたはしう思ふ」心が深いひとは、「品くらゐのたかき」人なのだ。[27]『源氏物語』が「品くらゐたかき人」の出来事をあつめて書いているのは、その高い品位によってしか感知できない「よき事」をえりあつめて書いたからである。それは深い情が理解できる心ほど、「物の哀をしる」からなのである。紫式部が仏事を多く書くのも、「世のうき事あるときは、必かたちをやつし此道にいること、世間普通の風儀人情」だからであり、仏道に身を置いていることは「物の哀」が深いからなのだ。[28]しかも、こうした「物の哀をしる」境涯に身を置くことは、心をつくろわず、「実情」「本然の情」を知ろうとすることなのである。すなわち、「おほかた人のまことの情〔といふ物は、女童のことくみれんにおろかなる物也、男らしくきつとしてかしこきは、実の情にはあらす、それはうはへをつくろひかさりたる物也〕」なのであり、「いとかしこき人もみな女童にかはる事なし、それをはちてつゝむとつゝまぬとのたかひめ計也[29]」（強調引用者）。つまりは「恥じ」たために「実情」が慎まれているだけなのだと。「風儀人情」という感情の能力は普遍的に与えられているとしても、そして人情が不変であるといっても、その表現と表現力には深浅の境界がある。しかもその表現力は「恥じる」という対外的な関係を介した情動によって深化されるのではない。それはあくまで「品くらゐのたかき人」という生来の条件に規定されているのだ。だから「人情は古今貴賤のへだてなしといへとも、其時処の風儀と境界とにつれてかはる事もある」のであり、『源氏』が「見る事聞事思ふ事、ことことく中以上の事にして、……下賤の者の見る者にあらず」なのは、「上々の事」においてのみ、「物の哀をしる」ことができるからなのである。[30]「上々」のものであり、「品くらゐのたかき人」においてこそ、「うらみいかりをはさしお」く、つまり暴力的な衝動を統御する自己統治が可能になり、より深く風儀人情を感知することができるとされるのである。

こうした「品くらゐのたかき人」という資格条件には、従来からいわれてきたように、宣長の「雅」への憧憬と貴族趣味があらわれているだろう。だがこの資格条件としての「趣味」は「うらみいかりをはさしおく」自己統治の機制をともなう「趣味」の問題なのである。ここには社会学の暴力研究が指摘してきた、自己統治する儀礼と作法と趣味が社会を編成していく「文明化」の問題への回路さえ現れているといえるだろう。[31]この観点からいえば、「物の哀をしらする」という宣長の論理は、自発的な「情」の発露の条件が、自己統治する作法をめざす意識的な社会的身体的な実践でもなくてはならないということになる。しかもそれは趣味と作法の差異化＝卓越化によって、ある種の――ここでは歌道のことであるが――趣味と作法を俗化し普遍化しようとする言説の実践でもあるのである。

先述したように、このような趣味の差異化＝卓越化による美的感情の普遍化には、観照する能力のもとでの自然化による自己の完成が期待されている。だが、この観照する能力は、「はちてつゝむ」（恥じて慎む）こと、すなわち身分や習慣など生来的で精神的な条件を相対化する「恥じる」情動の能力を除外してしまっているのだ。「恥じる」という情動には、他者あるいは外部から触発される脱自的な契機がある。それは他者志向的な関係へと人を誘う[32]。

「風儀人情」を全面的に肯定する「まことの情」の実現という宣長の主張にみられるのは、確かに理性と情動を対立的に把握する近代的な思想とは区別される〈意志〉である。それは宣長にとってはすぐれて〈古代〉的な〈意志〉であった。その〈意志〉の表現にもっとも近いものが、「好」という趣味判断にみられる、意志がそのまま情動であり、情動がそのまま意志であるような状態である。だが後代の人間たちは、すでに意志がそのまま情動であるような〈古代〉の共同体の系譜から断ち切られている。宣長において「まことの情」が必要とされるのは、この非連続の系譜を連続する系譜へと繋ぎ直さなければならないからである。「まことの情」とは——第一章でみた「縁《ゆかり》」がそうであったように——〈古代〉という始原の共同性を復原し、現在をこれと結びつけるための回路である。そしてそのために、「哀」を知る〈古代〉的な共同性を備えた「品くらゐのたかき人」をめざす自己統治的な差異化=卓越化へと社会を向かわせようとするのである。宣長は、「風儀人情」「実情」を制動したり隠蔽する外在的な「知」を「漢意《からごころ》」の名のもとに否定しながら、同時に〈古代〉という文化的な公理をやはり外在的に持ち込んでいるのである。

ここまでみてきたとき、宣長において、「もののあはれ」の論理をとおした歌道の実践は、契沖以来、深化されてきた文献学における倫理主義的形式——それは「生まれつるまゝの心」「真心」として定式化され、一方で国学的神学に結節していくが——と結びついて、社会的身体を構築するための言説的実践の内容をなしていくということも展望できるのではないだろうか。近代日本のナショナル・ペダゴジーの創出にあたって、その〈前期的形成〉として期待された国学の文献学的実践は、実際にも倫理主義的形式を与えられた主体を創出するナショナル・ペダゴジーの論理を胚胎していたということなのである。

第四節　美的体験の再構成

『紫文要領』巻下「歌人此物語を見る心はへの事」では、冒頭から「此物語の外に歌道なく、歌道の外に此物語なし、歌道と此物語とは、全く其おもむき同し事也」という言葉が宣言された。[33] そして「歌は物のあはれをしるよりいてき、又物の哀は歌を見るよりしる事有」と、歌道と「物の哀をしる」ことと、『源氏物語』が一体であることが繰り返された。[34] もちろんすでにみたように、『源氏』を読み歌道を学ぶための条件は、「此もの語をよく見て、いにしへの中以上の人情風儀をよく〳〵心得、その境界に心をなして」歌を詠むことである。すなわち「良き趣味」の選択が必要であり、そして古代の風雅・風儀人情こそが選択されるべき「良き趣味」である。

此物語をよく〳〵見て、いにしへの〔中以上の〕人の人情〔風儀〕をよく心得〔て、をのが心を境界になしてよむときは、よみいつる歌よきもあしきもいにしへにたかふ事なかるへし〕、さてあけくれ此物語をもてあそひ、心を其〔境界〕になして歌よむときは、〔いつ共なくいにしへのみやびやかなる風儀人情が心にそみて、〕じねんと心もいにしへの。情に〔似たるやうになりゆきて、〕俗人の情とははるかにまさ〔りゆけ〕ば、月花を見る心も俗人とはかはり、今一きは物の哀も深くなる也[35]

物語をよく「見て」、品位が「中以上の」古人の人情風儀を心得、これを自分の境涯におきかえて歌を詠むこと。そうすれば自然と雅な風儀人情が「心に染み」、俗人に優り、物の哀も深くなるというのである。さらに宣長が強調していることは、「歌はかりをみていにしへの情をしるは末也」と、歌だけをみてはならない、物語を読むことを通して風儀人情を理解することができるということである。[36] 歌道においてめざされているのは古人の文化と生活そのものの理解にほかならない。

本章では便宜上、解釈学的‐現象学的な言語の了解構造と、普遍的な共通感覚をめぐる美学的構造という観点から「もののあはれ」論を考察したが、その〈古代〉の始原へと向かう倫理的構造とあわせて三つの問題は、宣長の歌道論においては未分化である。これは、歴史的な言説というものがそもそも〈始原〉とその連続・非連続というアポリアに立ち会うかぎりにおいて、不可避的な構造である。

「もののあはれ」を主観的共同性の摂理として構築することで、宣長は美学の首座に主観的経験を据え、社会編制をもみすえた言説的実践を提起した。少し大きな視点からみれば、宣長は、経験の連続性から超出する外部性の〈体験〉を再び経験のうちに取り込む操作を思案することで、外的経験や理性的思惟に服従するのではなく、経験とともに自然化することで完成していく「自己」の道筋を考えようとしている。それは「意志の自由」とは「……からの自由」であると考えるような、意志＝自己を服従と自由の二項対立から理解する主体の論理への抵抗である。もとより、自ら「抵抗」しているものの歴史的正体に対して、宣長の振舞いは歴史的反動として現れた。宣長は「もののあはれ」論を核心にして、実体的にも〈漢意〉＝異質なるものを排斥する主体化の論理を構築したからである。

「けにさもあらん」と超出した〈体験〉を回収する経験の連続性は、「おのづから」「生まれたる心」という〈郷土〉的な心情と民族的共同性にみられるような、政治的審級との緊張や歴史的限定を失った主観的共同性の体系的な主張に転じるのである。[37] それはオランダの万国図をもとに、宣長の日神についての古伝説信仰を批判した上田秋成との論争が示すように、当時においても時代錯誤的ですらあったのだから[38]（「呵刈葭」下）。

さて、いずれにしても文化の同質性と排他性が強まりこそすれ弱まることのない風潮のもとでは、異文化経験もふくめて異種混淆性に向かう想像力が必要とされるのであり、異種混淆的な他者性が到来する〈体験〉を感知する条件を作り出す（体験を再-現前するのではなく！）、教室での、サークルでの、さまざまな生活の場での〈読み〉の実践が求められる。[39] 驚きに触発されつつ観照する能力は、その異種混淆性によって不安にさらされる体験を維持する条件である。そして趣味判断の本質である自然化された経験の共時化とは、アーレントがいうように、異質なものの統合を果たす合理的論拠にもとづく合意の強制ではなく、説得という実践に、その政治的性格を共有している。[40] 思想史のなかにそうした政治的言説の可能性を見出し、それを領有すること。今日においてもなお宣長の「もののあはれ」についての考察に価値が見出されるとするならば、その理由はここになければならない。

注

1 本居宣長『紫文要領』、『本居宣長全集』第四巻（筑摩書房、一九六九年）、三二一〜三三三頁。以下、書名と頁数のみ記す。なお、引用にあたっては、旧字は当用漢字にあらためた。
2 同右、三一一頁。
3 紫式部の法華教受容についての注釈については、北村季吟『源氏物語湖月抄』中（講談社学術文庫、一九八二年、有川武彦校訂）四二九〜四三一頁、を参照。
4 宣長全、四、三七頁。
5 同右、三八頁。
6 ここでいう自己-参照的とはもちろんself-referentialの訳語であるが、これについては子安宣邦の「自己（日本）言及的な言説」としての宣長という定式における自己言及self-referenceとは直接の関係がないことはいうまでもない（たとえば子安『本居宣長』岩波新書、一九九二年）。子安によって定式化された「自己（日本）の神聖性の言説」としての宣長の国学という把握は重大な問題提起であり続けるが、宣長の言説を微視的に読

7

み直すにあたっては、子安のいう「自己言及的」という把握とは区別された、認識過程における自己参照性という契機を取り出す必要がある。しかも、いったん言語における自己とシステムとの普遍的でパラドキシカルな関係に注目するならば、自己参照的はもとより、自己反射的 self-reflective、自己再帰的 self-reflexive、自己回帰的 self-recursive などの契機が言語論にたちかえって、相互関係において区別されなければならない。こうした区別立てが他者 Other, other, あるいは他者性 otherness の認識（不）可能性という現象学上の根幹にかかわっていることも、いうまでもないだろう。

宣長における「もののあはれ」が「形」「形象」としての出会いの形式であるということ、それが始原的な言語の生成という体験につながるということは、すでに菅野覚明『神道の逆襲』（講談社新書二〇〇一年、一二三〜一三〇頁）および同『詩と国家「かたち」としての言語論』（勁草書房二〇〇五年、とりわけ第五章）において論じられている。菅野の議論から触発されることは多いが、菅野も参照する小林秀雄における「体験」論の始原的な出会いの「形式性」は、私は、むしろ、小林の宣長論よりも、小林が依拠するベルグソン『物質と記憶』における持続論と「図式化運動」（schème moteur）を参照すべきであると考えている。出会いの「形式性」は、始原とその反復、反復による〈始原〉への回帰、そしてその自己-参照的持続と〈反復〉とから成ることが区別されなければならない。始原と反復との関係については、すでにエドワード・サイードが『はじまりの現象　意図と方法』（山形和美・小林昌夫訳、法政大学出版局、一九九二年）で徹底して論じたことでもあるが、こうした区別立てによってはじめて、「もののあはれ」という情動は始原的であるとともに反復的かつ回帰的な持続でもあると理解できる。これは実際には国学が民族的共同性としてのナショナリズムの血縁的系譜を再生しようとする欲望であることを解くためにも、必要な視点だと考えるのである。

8 清水正之「本居宣長（一）他者という現象——自己意識のゆくえと「偽り」」（『国学の他者像　誠実と虚偽』ぺりかん社、二〇〇五年、所収）もよく似た関心から、『あしわけをぶね』から『紫文要領』への推移を追跡している。「自己意識の希薄化」から「呵責」の生起とその希薄化を介した「私的なものを捨て去った人情論」と「超越的神」の設定という問題視角は、ハイデガー的な「良心の声」の契機とそのゆくえを宣長のなかに見いだしている点から興味深い。それは近世思想における自己抑制と作法の問題も含めて本稿の関心と重なり、学ぶところが大きかった。ただし、同書が前提としている自己／他者関係、そして他者論については本稿の立場とは大きな隔たりがある。

9 酒井直樹、『過去の声　一八世紀日本の言説における言語の地位』（酒井直樹監訳、川田潤・齋藤一・末廣幹・野口良平・浜邦彦訳、以文社、二〇〇二年）、四五八頁。

10 なお、杉田昌彦「『物の哀をしる』ことの意義——『紫文要領』について」（東京大学国語国文学会『国語と国文学』七二巻六号、一九九五年六月）は、『紫文要領』を用いて宣長の「もののあわれ」論と『源氏物語』との構造的連関を、源氏研究史に注意を払いながら論じている。杉田の場合は、宣長は作者・紫式部の「本意」へと遡及しつつ、「感情の浄化」をめざすことに作歌と物語成立の存在意義があると考えていたと結論する。日野龍夫・百川敬仁らの「物の哀れをしる」説＝他者との共鳴・相互了解・共感という把握との整合性をも意図した分析であり、傾聴に値するが、杉田の把握は宣長の古学の全体の理解において、根本的に本稿の立論とは相違する。

11 宣長全、四、二一頁。
12 「観照する能力」については、ハンナ・アーレント『過去と未来の間』(みすず書房、一九九四年、引田隆也・斎藤純一訳)、八一〜八二頁、を参照。
13 宣長全、四、二二頁。
14 同右、二四〜二五頁。
15 ハンス=ゲオルグ・ガダマー、『真理と方法』I(法政大学出版局、一九八六年、轡田収・麻生健・三島憲一・北川東子・我田広之・大石紀一郎訳)、一四五〜一九四頁。ここでの考察は、ガダマーの同書における芸術作品における〈遊び〉と悲劇をめぐる議論に多くを依っている。
16 宣長全、四、二六頁。
17 同右。
18 同右、二六〜二七頁。
19 前掲、アーレント、三〇一頁。
20 宣長全、四、一五頁。
21 カント『判断力批判』上(岩波文庫、一九六四年、篠田秀雄訳)、一三五頁。
22 宣長全、四、四二頁。
23 前掲、酒井、三九六頁。
24 宣長全、四、七三〜七四頁。
25 同右、八五〜八六頁。
26 同右、九二頁。

27 同右。
28 同右、九三頁。
29 同右、九四頁。この例証は『あしわけをぶね』における「実情論」と同じである。宣長全、二、三五頁。
30 同右、九八頁。
31 奥村隆『エリアス 暴力への問い』(勁草書房、二〇〇一年)第一章を参照。
32 他者志向的な情動と自己-回帰的な情緒との区別については、前掲、酒井、四八七頁。また情動としての「恥」の考察は、鵜飼哲「ある情動の未来——〈恥〉の歴史性をめぐって」多言語文化理論誌『トレイシーズ』第一号(岩波書店、二〇〇〇年)を参照。
33 宣長全、四、九九頁。ただし、こうした断定は、『紫文要領』を踏まえているとはいえ、三〇数年後(一七九六年・寛政八)に出版された『源氏物語玉の小櫛』においては抹消されている。
34 同右、一〇〇頁。
35 同右、一〇四頁。
36 同右。
37 『くず花』、宣長全八、一四七頁。ここに芳賀矢一や村岡典嗣が理想型を見いだした一九世紀ドイツ文献学との、その主観的経験から展開されたロマン主義的傾向との重なりがあっただろう。しかし、ディルタイ、シュライエルマッハーを経てアウグスト・ベックへと至り、近代日本に輸入された学的系譜は、解釈学から文献学への展開における唯一の可能性ではない。ベックの所謂「認識されたものの認識」というテーゼも、喩的な領域も含めた〈全体性〉の観点から検討される必要があるだろう。国学の展開とつきあわせながら、解釈学と文献学内部で胚胎されていた争点は再考されるべきである。この問題をめぐっては、近藤潤一「近代国文学の方法と批判」（西郷信綱他著、日本文学協会編『日本文学講座I方法と視点』大修館書店、一九八七年）を参照。

38 宣長全、八、四〇三〜四〇四頁。

39 ナショナル・ペダゴジーに抵抗するペダゴジーと文献学philologyの教育的可能性についての議論については、以下を参照。Hans Ulrich Gumbrecht, *The Power of Philology: Dynamics of Textual Scholarship* (Urbana and Chicago:University of Illinois Press,2003).

40 前掲、アーレント、三〇一頁。なおここで論じた主題は近世後期の儒学における「誠敬」の概念をめぐって論じたことがある。友常勉「誠敬の政治思想」（『現代思想』vol.32-9、二〇〇四年八月）。

終章　古道と権道

第一節　はじめに

　宣長は『古事記伝』でしめしたような神々の意志の表れとしての言語の共同性や、歌論や源氏物語論で主張したような、情動がそのまま意志であるような様態が、現実の政体において可能だとは考えていなかった。表象／代表（representation）という契機を媒介しない直接的な関係はあくまで〈古代〉にしか存在しなかったのである。だから宣長の古学はさしあたっては学問の実践にかぎられたことであって、現実の政体が上古に復古するべきだと公然と主張したわけでも、それが可能だと考えたわけでもない。『古事記』を聖典視し、「言・事・意」の一致こそ物事の本来的なあり方とした宣長の古学と古道論は、一方での古代ヤマトの言語・風儀・人情・習慣の称揚と、他方での後代の社会もまた神々の意志の表れとしての「神随《かみながら》の道」とする徹底的な現実肯定の主張を備えていたからである。それは言語の次元でおこなわれた思想運動であり、美学的かつイデオロギー的な現象として生起したのである。ただしそうした領域において、宣長は自らを本来的に「代表されるもの」という主体として構築しようとした。[1] そして自らの言説にしたがって、同時代のひとびとを自ら「代表されることを望む存在」へと仕向けようとしたのである。それは士農工商という近世における類型化され理念化された階級構成によっては分節化されない階級・階層——近世都市的町人あるいは「平人」——の形成を前提としている。この意味で宣長の古学のモチーフを、「精神や知性でなく武力や経済力の有無に基づいて成り立っている徳川社会の階級秩序をいわば内側から骨抜きにすること」とした百川敬仁の把握は適切である。[2] ここで分節化できなくなっているのは、近世都市的町人・「平人」の形成という事態だけではなく、それを代表する政治的階級の不在であり、「代表するもの」と「代表されるもの」との不整合という事態でもある。政治的統治階級としての武士階級はこの近世後期の都市的な「平人」の経済的性格を代表しえない。ここで表象／代表制は「代表されるもの」も「代表するもの」もたがいに対応する存在を見出せないような、「換喩的な因果関係」をつうじてあらわれるのである。[3] その関係は近世社会のもとでの商品制社会の進展によってますます深まるねじれとなるであろう。それゆえに〈古代〉との歴史的断絶ばかりではなく、政治的代表者の不在という意味でも、国学は〈不在の構造〉を背負っている。それは近世後期の都市的な「平人」の意識にささえられた国学の政治経済的な起源をしめしている。

そうした国学の性格にかかわって、宣長の政体論と古道との関係をよく知ることのできるテクストとして、『玉くしげ』『秘本玉くしげ』として知られている著作がある。

第二節　「御契約」と「御民」

『秘本玉くしげ』（一七八七年・天明七年）は、当時五七歳の宣長が、天明期の社会的動揺に直面して、紀伊藩主・徳川治貞が領内から広く意見書を徴用した際に提出した治道論としての古道論であり、具体的な施策を述べた経世済民論である。また主に古道論を展開した『玉くしげ』（一七八六年・天明六年以前か。なお刊行は一七八九年・寛政元年）はそれに先立つこと一年を超えることのない時期に成稿したものと考えられている。[4]『玉くしげ』が『古事記伝』一之巻に収められた「直毘霊」の平易な解説として読むこともできる古道論であるのに対して、藩主に提出された『秘本玉くしげ』（刊行は一八五一年・嘉永四年）のほうは二五項目からなる具体的な建議である。さて、この二つの著作の基本的な現実認識はつぎのようなものである。

さて時代のおしうつるにしたがひて、右のごとく世中の有さまも人の心もかはりゆくは、自然の勢なりといふは、普通の論なれども、これみな神の御所為《シワザ》にして、実は自然の事にはあらず、さてさやうに、世中のありさまのうつりゆくも、皆神の御所為なるからは、人力の及ばざるところなれば、其中によろしからぬ事のあればとても、俄に改め直すことのなりがたきすぢも多し、然るを古の道によるとして、上の政《マツリゴト》も下々の行ひも、強て上古のごとくに、これを立直さんとするときは、神の当時の御はからひに逆ひて、返て道の旨にかなひがたし、されば今の世の国政は、又今の世の模様に従ひて、今の上の御掟にそむかず、有来りたるまゝの形を頽さず、跡を守りて執行ひたまふが、即まことの道の趣にして、とりも直さずこれ、かの上古の神随《カムナガラ》治め給ひし旨にあたるなり 5 (『玉くしげ』)

時代の変遷とは自然のなりゆきではなく、「神の御所為《ミシワザ》」であるから、あえて当代の国政に上古の制度を適用するのは不適切であるとし、当代は当代の国政を守ることが「まことの道の趣」に従い、上古の「神随」の統治の道にしたがうことなのであるという。

歴史的変化という差異は「神の御所為」という反復のうちに還元される。歴史的変化からいえば、上古における朝廷の政治と武士による政治という統治形態の交代が問題になるが、これは「顕事《アラハニゴト》」＝人事は神々によって皇孫に委託された「御契約《ゴケイヤク》」（「皇孫尊の御上の顕事は、即天下を治めさせ給ふ御政なり、……此御契約」）があるのであり、さらに朝廷が「御任《ミヨサシ》」によって徳川将軍家に統治をまかせていると解釈される。[6] 神々から預けられたのはこの国政だけではない。「下々」の平人たちもまた神々によって預けおかれたものである。「天下の民は、みな当時これを、東照神御祖命御代々の大将軍家へ、天照大御神の預けさせ給へる御民」であり、「天照大御神より預かり奉れる御民」という位置づけによって保護される。[7]『万葉集』において「御民我れ生ける験あり　天地の栄ゆる時にあへらく思へば」と歌われた「御民」という臣民意識が参照されるのである。したがってあくまで代理人でしかない武士階級が平人をないがしろにすることは許されず、平人階級はその真の代表者を古代の神々に仰がなければならないのだ。この神々との「御契約」と神々から預けられた「御民」という位置づけからなる恩頼的な関係は、近世の一揆や騒擾において主張された「仁政」とそのもとでの「御百姓」意識や「百姓成立」論に等しい構図である。[8] こうした古道論の文脈で再解釈された近世社会の仁政的理想が宣長の建議の基本的な骨格を構成しているのである。

　ところでそもそもこの建議は天明期の幕藩体制の動揺を反映して徴用され、提出されたものであった。したがって「御契約」や「御民」という主張は、貨幣経済と商品経済の進展のもとでの階級分化と、政治的・経済的上層の華美や浪費、道徳意識の低下という事態を前にして、武士による統治を前提とした近世の政体の再考をふくむものであった。宣長の古道はここにおいてその政治性を明らかにすることになるのである。それが原則論としての古道に対する、権道という政治技術論であった。

第三節　古道と権道

宣長にとって権道とは、武家諸法度など古法の柔軟な適用を意味している。一揆や騒擾、強訴の鎮圧について、「張本人」(首謀者)を捕捉することが肝要であり、「自分の民」を厳しく弾圧することは避けるべきであるとしつつも、「手強きときは、やむ事を得ず、少々人を損じてなりとも、まづ早く静むるやうにはからんこと、もとより然るべきこと也、又後来を恐れしめんためにも、一旦は武威を以て、きびしく押へ静むるも権道也、然れども始終は武威ばかりにては押へがたし」(『秘本玉くしげ』強調引用者)と、必要があれば武威の便宜的な使用も辞さないという。[9] あるいは、賄賂の処罰に際して、賄賂を用いて渡すものには咎がなく、賄賂を要求し受け取るものに罪が課せられるが、賄賂を要求して受け取るものばかり処罰しては賄賂の悪弊はなくならない。これを用いるものにも処罰が必要である。これも「一つの権道なるべきにや」という[10]（『秘本玉くしげ』強調引用者）。

ここで用いられる「権」は、もともと「称錘」「物を称《はか》って軽重を知るゆえんの者」というように、「秤」の意味である。[11] ここから転じて法の適用における軽重の判断を指す。ホッブズの『リヴァイアサン』でも、自然法と区別された市民法における犯罪の程度の決定に関して「秤」の言葉が用いられているように、事実関係にもとづく軽重の判断は法権力の実定法的適用においては不可欠である。[12] 従って、「権力」の「権」の意味とはひとまず区別して用いられる。この場合も、肥大した国家システムと複雑化している経済的社会に対応して、『武家諸法度』や『公事方御定書』に定められた古法を実定法的で臨機応変なものとして適用させるために、宣長は「権道」という言葉を用いているのである。ただし、儒学のなかでは、もともと『孟子』「離婁章句上」で用いられたことによって知られている概念である。すなわち、男女の関係において直接手渡しをしないのが「礼」にもとづく常道であるが、兄嫁が水に溺れているとき、手をさしのべて助けるのは臨機応変の「権道」であると。ここから仁義の常道であり「礼」に対する「権」＝臨機応変の対応の相対的な意義が説かれる。とはいえ国政にかかわる「仁義」と日用の実践にかかわる「権」は、その実現のための方策においても混同してはならないと主張されるのであるが[13]。ここで「権」が朱子学批判以降の儒学のなかで何を争点としていったのかに触れておこう。

「権」をめぐって、徂徠は、「湯・武の放伐」を道とし、「伊尹」の「太甲を放《お》く」を権とした仁斎の定義を批判している。仁斎は、湯王と武王による放伐革命に対して、宰相・伊尹が徳の修養につとめない湯王の孫・太甲を放置して後悔させたことを、道ではなく権とした。「権とは、一人の能くするところにして、天下の公共にあらず。道とは天下の公共にして、一人の私情にあらず[14]」と。それは私情をまじえた修正的な措置なのであり、原理原則たる道とは区別されるのである。徂徠は、これに対して、湯武の例だけでなく、太甲の例も「大臣の道」であるからいずれも道であるとする[15]。むしろ「権」とは、（親に憎まれていた）舜が親に相談しないで妻を娶ったようなことを指すのだと主張したのである。これは、親に告げないで妻を娶ることは倫理に反するが、結婚することも倫理であり、結婚できなければ結果的に父母を憎むことになって、さらに倫理に反することになるからであるとする『孟子』「万章章句上」の文言にもとづいている[16]。ここでの争点は、「道」にそくした私情の運用の範囲である。ところで明末清初の戴震（一七二三〜一七七七）の『孟子字義疏証』にいたって、「権」は「情」「欲」の肯定とそれに対する知の運用にかかわって、「心知」が「聖智」に到達するための不可欠の階梯とされることになる。「権」は、「聖智」や真理と断絶している事実事象を真理へとつなぐ回路であるだけでなく、自己の欲望の肯定と実現が他者の欲望の肯定と実現でもあるような倫理思想の思想的財貨として理解されることになったのである。[17]

「権」をめぐるこうした議論は、理知主義から人間中心的な経験主義へと展開した朱子学批判以降の儒学の展開を前提としていた。程朱の学は、「理」があって「気」が生じるとしたが、朱子学批判者たちは、「気」がまずあって「理」が生じるのであること、空虚な「理」があって「道」が形づくられるのではなく、実践のなかから「道」が構成され、「理」が発見されると主張した。仁斎の言葉にしたがえば、「道」は「活字」であるのに対して、「理」は「もと死字」であり、「天地生生化化の妙を形容するに足らず」（『語孟字義』）である。[18] 朱子学批判をふまえた倫理思想においては、「道」とは「理」が構成するのではなく、あくまで事後的に構成されることであるとして、倫理をその日常的な人間的経験の事実において把握することを可能にした。金英時の整理にしたがうなら、こうした朱子学批判は中国でも一五世紀の王廷相や羅欽順などを経て、一六世紀初頭の明代正徳期にすでに明らかであり、日本でも山鹿素行においてすでに確認できることである。[19]

宣長が戴震を参照していた形跡はないが、「性情」「人欲」の運用に対する宣長と戴震との思想的布置を——そして復古学と情・欲への注目と人々の社会結合との関係という点からいうならば晩明の顧炎武（一六一三〜一六八二）、黄宗羲（黄梨洲、一六一〇〜一六九五）などとの関係も——検討することは必要である。たとえそれは当面の課題ではないとはいえども。[20]ただ、宣長の場合には、それを「権道」と呼んでいるように、「権」の適用範囲についての宣長の立場は仁斎や徂徠のそれに近く、しかもその運用はあくまで古道のうちに折り曲げられている。そして、むしろここで重要なのは、「権」という概念を古道のうちに折り曲げることがどのような意味を持つのかということである。

そうした宣長の「権」の解釈が率直に表現されているのは、市川多門による宣長の古道論（『古事記伝』稿本中の「道云事之論」）批判に対する反批判の書である『くず花』（一七八〇年・安永九年脱稿）における次の文言であろう。

譬へば、君たる人を殺さんと、ひそかに思ひはかる臣下の、側にあるを、君はその心をば知らずして、たゞ忠臣也とのみ思ひ居る時に、又一人の微《イヤシキ》臣有て、かの側なる臣下の賊心をよくさとり知れれ共、身賤しくて、君の側に近づくことかなはざる法あれば、参りてこれを告しらすることあたはず、かくてその君の命殆ど危き時になりて、此微臣居ながら是を見るに忍びず、やむ事をえずして、かの法を破りて、近づき参りて、救ひ奉るが如し、此微臣は忠臣とやせん、不忠臣とやせん[21]（『くず花』）

身分が卑しい忠臣が謀反を企てる重臣を阻止しようと、法を破って君主に上奏することは、忠臣の行為か不忠の行為かと問う。このような喩えをもちだす理由は何か。宣長はこう続ける。

かく譬へたる意は、賊臣は異国の道也、君は古の道の全体也、微臣の君の側に近づくことかなはざるは、君悪しといへ共、下より議することあたはざる、古の道の中の一端也、やむ事をえず、法を犯して、君の命を救へるは、直霊の書也、犯せる法は重けれ共、道の中の一端にこそあれ、救ひたる君の命は、道の全体也、もし道の全体亡ぶるときは、かの一端もひとり存することあたはず、天下万人みなこれを犯せば、たゞ一人の微臣のみ犯すと、その軽重いかにあらん、難者のたふとぶ処の漢国の道にも、権といふ事有て、嫂《アニヨメ》水に溺るゝ時は、手をとりてたすくる譬へもあるにあらずや[22]（『くず花』強調引用者）

ややわかりにくいが、大意はこうである。主君の側にいる賊臣とは異国の教えの喩えである。主君とは古道の全体である以上、これを異国の教えから救済しなければならない。このときに、法を破って下級の家臣が主君に近づく意志とは、「直霊」（「道云事之論」）で述べた「神ながらの道」の実践なのだ。それが嫂を手をとって救う「権」の喩えが教えていることではないか。

宣長がここで執拗に自己区別しようとしているのは、下級の家臣が君主に近づくという、法を破って道を守ることが、孟子のいう放伐革命論とは異なるということである。むしろ「直言」を「権」とする解釈は、仁斎のいう「伊尹」の「太甲を放《お》く」ことに類比されよう。だが「権」の範囲の確定は公共性と私事との区別にもとづいているのではない。いうまでもなく「微臣《イヤシキ》」とは宣長その人であるが、この「微臣」による直言とは、悪法や暴君を除外しようという放伐革命のように、国の前提を根こそぎかえてしまうという射程を持つものではなく、逆に統治の前提を侵すことなく、あくまで古道＝君の統治を守るがための便法なのだといいたいのである。そしてそのような君と臣との君臣関係と、法と政治的実践との同一性そのものをゆるがせにはしないような行為を、宣長は「権」と呼びたいのである（これに対して革命とは政体の同一性に非同一性と異質性をもちこむことである）。このような含意から、『秘本玉くしげ』の冒頭の次の言葉の意味も理解できるだろう。「我々如き下賤の者の、御国政のすぢなどを、かりそめにもとやかく申奉むことは、いともく〱おふけなく、恐れ多き御事[23]」（『秘本玉くしげ』）。意見書の徴用という与えられた機会であるとはいえ、意見書を建議することは古道に照らせば違法に等しい。しかしそれは道を守るために必要なことである。それゆえそもそもこの『玉くしげ』を上申することそれ自体が「権」の実践だったのである。さらにいえば「直霊の書」をあえて世に問うことも「権」の実践なのだと。そして古道における政治的実践とは、そのように解釈されるのであるということも理解されたい、という意図が暗にこめられているのだ。「道」と「権」、「公共」と「私情」、原則と応用という二項対置的な対立はこうして統一される。だがこの場合は、「道」を造るための実践は存在しない。それは神の領域に入るし、そもそも革命という契機が入る余地がないからなのであるが、そのために、あらゆる個的な意志を介した実践はすべて「権」の領域に属することになる。ここにあるのは自己同一性をもった主体性《サブジェクティヴィティ》ではなく、アイデンティティを自己の外部にもつ行為主体《エージェント》の動きなのである。

これによって、朱子学批判の歴史のなかで〈礼―権〉の相関関係において把握された「権（道）」という概念は、ここで〈古道―権道〉という古道と儒学とを折衷したアイディアへと転轍された。「権道」は確かに法権力の実定法的応用として構想されているが、その自然法的根拠を古道に持つ法＝「道」の一部である。このように体系化された「権道」の論理にしたがえば、「道」と「君」のための改良主義的な努力は、それを重ねれば重ねるだけ臣民化が徹底されるようなベクトルに働くように案出されている。この臣民化のエネルギーは負の方向に働く。それは放伐革命論とまではいわなくても、「情」が「礼」をも動揺させるような、政治的慣習に対する異質性の表明となるような緊張関係を骨抜きにしてしまう。〈心知〉が〈智〉となるようなダイナミズムは主体の葛藤のなかではなく、古道がすでに備えている権能の一部となる。宣長にとっては、「性情」は古道のなかに抱かれることこそが、その本来的なあり方だからである。だが同時にこれは、臣民化をとおした主体という身体的なリアリティをも個々人に与えるのだ。それは「代表されるもの」としての主体である。ここには近代的国家システムを必要としながらも、そのシステムをいまだ持たない複雑化した経済的社会についての現実認識と、それがもたらしている矛盾を、保護と義務とからなる新たな統治関係の樹立へと差し向けようとする意志が垣間見えている。そのような意志にもとづいて、時代がもたらした仁政的恩頼関係に期待する風潮を、宣長は臣民化のエネルギーへともう一度転轍しようとしているのである。それは宣長以降の古道の政治的展開の可能性を予見させるものだろう。

第四節　「泣き悲しみこがれる」主体

だが、「性情」はまた飼い馴らされもしないし、回収されつくせないものだ。『玉くしげ』『秘本玉くしげ』に表現されている古道と権道にかかわって、臣民化というベクトルとは別に、もう一つここで指摘しておかなければならない力への注目が宣長にはある。『秘本玉くしげ』の諸項目は貨幣経済・商品経済とそれが生み出す経済主義的な人間観そのものの批判でもあった。この批判の自然法的根拠は、「上古は悪きはあしきにて、総体の人は、心直く正しくて、たゞ上の御掟を恐れつゝしみ守りて、身分のほどほどに、おこなふべきほどのわざをおこなひて、世をば渡りしなり」（『玉くしげ』）というものであった。[24] 神々とその掟への恐れのもとで、それぞれが分限を守る共同体的な人間観である。個的な欲望の実現を合理的な経済行動とする合理的経済人《ホモ・エコノミカス》に対置される、共同体的秩序によって構成されているモラルエコノミー的人間。ここに宣長の経世論の復古主義と保守性を指摘することは可能である。だが宣長が模範とする「上古」の人間観の根拠はその共同体的性格にあるだけではなく、その情動的性格にもある。それは「泣き悲しみこがれる」状態にとどまろうとする存在である。『玉くしげ』ではこう述べられる。

さて世の人は、貴きも賤しきも善きも悪きも、みな悉く、死すれば、必ずかの予美国にゆかざることを得ず、いと悲しき事にてぞ侍る、かやうに申せば、たゞいと浅はかにして、何の道理もなきことのやうには聞ゆれども、これぞ神代のまことの伝説にして、妙理の照らしむるところなれば、なまじの凡智を以て、とやかくやと思議すべき事にあらず……

さて死すれば、妻子眷属朋友家財万事をもふりすて、馴たる此世を永く別れ去て、ふたゝび還来たることあたはず、かならずかの穢き予美国に往ことなれば、世の中に、死ぬるほどかなしき事はなきものなるに……

死を深く哀しむをば、愚なる心の迷ひのやうに心得るから、これを愧て、強て迷はぬふり、悲まぬ体を見せ、或は辞世などいひて、ことぐ〵しく悟りきはめたるさまの詞を遺しなどするは、皆これ大きなる偽のつくり言にして、人情に背き、まことの道理にかなはぬことなり[25]（『玉くしげ』）

死によって「予美国」＝黄泉国にいくことは「神代のまことの伝説」である。それが現世との永訣である以上、深い哀しみをともなう。しかしこの心情を偽りつくろうのは「まことの道理」ではない。なぜならイザナキの故事が「泣悲しみこがれ」ていたと伝えているからだ。

伊邪那岐大御神すら、かの女神のかくれさせ給ひし時は、ひたすら小児のごとくに、泣悲みこがれ給ひて、かの予美国まで、慕ひゆかせたまひしにあらずや、……たゞ死ぬれば予美国にゆくことと、道理のまゝに心得居て、泣悲むよりほかはなかりしぞかし[26]

イザナキがイザナミの死に対して「ひたすら小児のごとくに、泣悲みこがれ」たことにこそ「皇神の道」の「真」があるというのである。そしてここから因果応報論でも老荘的諦観でもない善神悪神の道理へと論はひきつがれる。イザナミを喪失したイザナキの哀惜についての解釈は『答問録』でも繰り返されるが、この『玉くしげ』では経世論との連続と非連続に注目したい。

ここで宣長が取り出した契機は〈死〉という不在と時間の停止に対応した、休止の位置である。この休止の位置においては、「ひたすら」死を想起しつづけるという徹底操作がおこなわれる。もしもこの想起の徹底操作を記憶へと格納してしまえば、それは「想起しつづける」ことにはならない。格納された記憶は想起しつづけるという徹底操作を欠いているのである――これに対して、小林秀雄が宣長における「悲しみ」の契機を、「死を嘆き悲しむ心の動揺は、やがて、感慨の形をとって安定するだろう」（強調引用者）と解釈していくとき、それは「想起」しつづける状態にとどまることにたえられず、忘却と抑圧の作用を持った記憶へと退避することである。[27] 死という超越的なものと、それと見合う状態でつきあうということは、死という超越的なものに踊らされるということではない。死を想起し続けることは、死を抱く〈個〉の状態にとどまることだ。死を前にしてうろたえるこの状態は、死に横領される自分と、それを繕ろい、抑圧しようとすることの恥辱をも抱き続けるということである。このように死を想起しつづける状態は、死を悲しみこそすれ、死をそれ以上のものとして畏れ敬う契機が侵入してくることを防いでいる。それは死を記憶のなかで美化することなく、死をめぐる歴史的な観照をも除外しないはずである。[28]思想史的には法然や親鸞などの鎌倉新仏教に突出していた〈死〉をめぐるこうした思索の精華を、宣長における「泣悲しみこがれる」状態のなかに確認することはできる。[29]いかなる法─国家的存在や、超越的なものに自らのすべてを委ねる救済とも対極の位置にあるこのような状態は、しかし、宣長そのひとによってただちに「皇神の道」という国家的存在の位相に横領されているのである。宣長は注意深くこの論点を現世の国家的なものに還元しないために、先の引用に続けて、急いでこう付け加えている。「抑これらは、国政などには要なき申し事なれども、皇神の道と異国の道との、真偽の心得にはなり侍るべき事なり[30]」(『玉くしげ』)。「国政などには要なき」とことわってはいるが、古道という超越的な原則を介して「死」の哀惜は国家的かつ至高的な位相に据えられる。それは小林秀雄がそうしたように記憶へと格納することで民族的心情のなかに昇華されるというよりも、むしろ「死」の暴力性がむき出しのままに国家的位相へと突き合わされるということである。実際、『玉くしげ』というテクストの構成規則からみれば、イザナキの「死」の哀惜についての記述は、「国政などには要なき」の文言によって唐突に断ち切られ、ただちに「異国の道」批判に転じることで、テクスト内部の論理の断絶を提示してしまっている。つまり、現世の国家的存在と「死」の哀惜という状態とのあいだには明らかな間隙があるのだ。このテクスト上の間隙が意味しているのは、「死」とそれを哀惜することの暴力性は現世の国家的存在によっては回収しきれずに残されたままであるということである。

宣長は、これほどに過剰なエネルギーを古道の名のもとに蓄積することに腐心したのである。それはまた現世的な関係に支配されている行為主体が、臣民という自ら「代表されるもの」として、新たな支配関係の主体へと自発的に移行するために、そのために新たに実存的な時間を創出するために必要とした爆発的なエネルギーでもあったといえようか。この意味で宣長の古道とはまさしくひとつの起源の時間の創出であり、〈始まり〉なのだ。イザナミを失い、その喪失を「ひたすら小児のごとくに、泣悲みこがれ」、黄泉の国まで追いかけていくのは、新たな支配関係の樹立を求める宣長自身である。それは自らを「代表するもの」を求めるエネルギーなのだ[31]。それが宣長の想像力の正体ではないだろうか。

第五節　おわりに

さて、「心直く正しき」上古の人々の風儀人情を範例とする宣長の態度の前提には、古代ヤマトの言語こそが清明であるという言語観があった。この態度は中国に対して五十音の古代ヤマトの言語は語彙が少ないことを正統性の証明として強調したことや、上田秋成との古代ヤマトの言語についての清濁論争に明らかである。『漢字三音考』(一七七一年・明和八年には成稿か)にいたっては、古代ヤマトの言語を正雅の基準として、漢音から呉音へと音声的に「皇国の正雅」に近づいているという位階的序列があるとすら強弁している。[32] これは言語論における地政学的位階化の言説である。こうした古代のテクストからとりだされた反復する形式の絶対化は、差異に満ちた歴史的空間を陋見な鋳型におしこめることになってしまった。

宣長の言語論に関していえば、門人の鈴木朖が、その著『雅語音声考』において、宣長の『漢字三音考』を出発点としながも、言語分析の指標を「音声ノ意」と「言語ノ意」とに分けている。[33]これによって、古代ヤマトの言語と漢字との比較において、位階的序列は失われる。発音における「正雅」とは別に、〈意味〉という基準をもちこんだからである。そもそも言語分析を発話行為のレベルにおいて考えるならば、常に対話における共時的な相互関係のなかで意味のやりとりがおこなわれ、他者の言語の侵入がある。[34]鈴木朖は言語の意味生成作用が他者の発話行為との関係において発生し、それが実際の言語現象を構成しているということを正当にも主張したにすぎない。しかしこれによって、古代を絶対とした音声的な基準を設定することは何の意味もなくなってしまう。単なる音声的な「清明さ」「正雅さ」を指標としていた宣長と異なり、音素や音韻の意味＝音義の解明にすすんでいった鈴木朖や平田篤胤、さらに大国隆正、堀秀成などの音義派にとっては、古代のテクストの厳密な検討にもとづいて、古代ヤマトの言語だけを対象とする言語研究にとどまるのは無理であった。もはや起源は問題ではなくなっていったのである。近世日本社会の言語や習慣から中国の影響を漢意として除外しようとした宣長の試みとはまったく正反対に、音義派は多様に流入している文物の総体を領有しようとしているのである。平田篤胤のつぎのような言葉はそれをよく示しているだろう。

但し何事によらず。外国で仕出したる事物が。御国へ渡つてくると其れをちらと見て。其の上を遥かに卓絶《タチコエ》て。其事の出来ることも。又御国人の勝れたる所で。それは此の篤胤が致ても。彼よりは屹とよく出来る。是が御国の風土の自然で。自然と申すは。神の御国なる故でござる。[35]

中国や異国の文物との混交はここではまったく問題にならない。それらを模倣して国産化することができるのが「御国の風土の自然」なのだ。こうした対応はまた商品制社会に対する宣長と正反対の態度でもある。篤胤にとってみれば、多様な商品が流通することこそ「皇国」の卓越性の現れであり、しかもそれを積極的に言語論的に領有することができるはずだと考えられたのである。どのような言語であれ、それが音義派が音義的要素に還元した五十音によって発音されるならば、その商品はすべて「皇国」ヤマトの事物と同一性を持つ。否、同一性を持つのみならず、「皇国」ヤマトの事物の派生物としてみなされるのである。音義派の実践は、そうした言語論を通した商品の領有の手段となったのである。こうして、近代の養子縁組《アフィリエイション》は、より擬似父権的となって、より広範囲で多様に展開されていく。

宣長によって体系化された古代ヤマトの言語を頂点とした序列化という欲望は、かくして宣長の言説の前提を掘り崩すという帰結をもたらすこととなった。しかしそもそも宣長が古代のテクストのなかに見出した古道という反復の形式はあくまで差異空間のなかにのみ存在するものである〈テクストとしての『古事記』が多様な形象《フィギュール》——異なる言語・文字体系——からなる異種混淆的なものであることが、何よりもその差異空間の存在を証し立てている[36]〉。そして〈道〉とは事後的に構成された差異空間そのもののことなのである。人間の情動や習慣は回帰的な反復としての性質をもっている。しかしそれが観照において事後的に構成されることと、それを絶対的に形式化された反復であると考え、実際に鋳型のような形式につくりあげてしまうこととは、まったく別のことである。これは徳川期の思想を印づけてきた〈道〉をめぐるパラドックスの繰り返しである。ただし宣長の場合には、このパラドックスに対する反動的な解決が、それまでとは異なった〈始まり〉を創出する方法を有していたのである。

注

1 表象／代表representationと政体との関係、そして「代表するもの」と「代表されるもの」との関係については、柄谷行人『定本 柄谷行人集五 歴史と反復』（岩波書店、二〇〇四年）第一部第一章序説を参照。

2 百川敬仁「漢心とやまとごころ」（『国文学 解釈と鑑賞』八五六号、二〇〇二年九月）二五頁。また、宣長の「もののあはれ」論と近世都市、都市的町人との関係については、百川敬仁『内なる宣長』（東京大学出版会、一九八七年）も参照。

3 ルイ・アルチュセール、ジャック・ランシエール、ピエール・マシュレー、『資本論を読む 上』今村仁司訳（ちくま学芸文庫、一九九六年）、二〇九頁。

4 『玉くしげ』『秘本玉くしげ』成立の事情については大久保正「解説」を参照。宣長全、八。

5 宣長全、八、三二二頁。

6　同右、三一九〜三二〇頁。
7　同右、三一九頁。
8　深谷克己『百姓一揆の歴史的構造』（校倉書房、一九八六年）、および同『百姓成立』（塙書房、一九九三年）。
9　宣長全、八、三四三頁。
10　同右、三六一頁。
11　伊藤仁斎『語孟字義』、『日本思想大系　伊藤仁斎　伊藤東涯』（岩波書店、一九七一年）、七七頁。
12　ホッブズ『リヴァイアサン』（二）、水田洋訳（岩波文庫、一九六四年）、二一六頁。
13　『孟子』下、小林勝人訳注（岩波文庫、一九七二年）、四三〜四四頁。
14　『日本思想大系　伊藤仁斎　伊藤東涯』（岩波書店、一九七一年）、七八〜七九頁。
15　『日本思想大系　荻生徂徠』（岩波書店、一九七三年）、一七八〜一七九頁。
16　ここで第一章で引用した「やしなひ子」についての議論がこの舜の故事をめぐっていたことからも、宣長が徂徠や太宰春台の議論を手がかりにして、儒学とは異なる道の世俗的な応用について考えていたことがわかるだろう。
17　安田二郎・近藤光男『戴震集』（朝日新聞社、一九七一年）、とくに安田二郎「解説」を参照。また、戴震の「権」については、中島隆博「存在と道徳への問い直し」、フランソワ・ジュリアン『道徳を基礎づける　孟子vsカント、ルソー、ニーチェ』中島隆博・志野好伸訳（講談社現代新書、二〇〇二年）を参照。
18　前掲、『日本思想大系　伊藤仁斎　伊藤東涯』、三二頁、また一六頁も参照。

19　金英時〈戴東原与伊藤仁斎〉、《論戴震与章学城：清代中期学術思想史研究》（北京：三聯書店、二〇〇〇年）。

20　龔鵬程《晩明思潮》（北京：商務印書館、二〇〇五年）、とりわけ第十章、第十一章を参照。さらに、明末社会における擬制的血縁関係の拡大などの社会結合と、陽明学者による愛敬や「共同体の原点・原保」の説きおこしについては、岸本美緒『明清交替と江南社会　一七世紀中国の秩序問題』（東京大学出版会、一九九九年）、第三章を参照。

21　宣長全、八、一三八頁。

22　同右。

23　同右、三三九頁。

24　同右、三三三頁。

25　同右、三一五〜三一六頁。

26　同右。

27　小林秀雄『本居宣長』下（新潮文庫、一九九三年）、二五〇頁。なお、かくいう小林秀雄も、その『本居宣長』の有名な書き出し、宣長の「遺言状」についての考察の中で、宣長が死に対する平静さと「ものぐるしさ」の両面を抱いていたことを記してしまっている。同『本居宣長』上、七〜一九頁。

28　「死」に横領されることなく、「死」を「恥をはにかむ」ことによって「抱きとる」ことについての省察は、李静和『つぶやきの政治思想』（青土社、一九九八年）を参照。また、同書の理解のために、上村忠男『韓国の若い友人への手紙　歴史を開くために』（岩波書店、二〇〇六年）「第三信」を参照。

29　こうした論点にかかわって、主に明治近代以降の国家神道を対象としてではあるが、浄土真宗と国家神道の関係について論じている菱木政晴の議論は参考になる。菱木政晴『解放の宗教へ』（緑風出版、一九九八年）。

30　宣長全、八、三一六頁。

31　この点にかかわって、菅野覚明は二神の根源的な一体性への思慕としてイザナミへのイザナキの嘆きと悲しみを解釈する。そして「この世界の原像が母を知らぬ子（天照大御神・須佐之男命）によって担われているという神話的形象、日本人の仏教受容、仏教理解にも、どこか奥深いところで響いているようにも思われる」という見通しを提示する。かかる原郷論は興味深いが、丸山真男の言葉を借りるなら、私はナショナリズムと近代的主体の「前期的形成」にともなって働く力に注目して理解している。菅野覚明『神道の逆襲』（講談社現代新書、二〇〇一年）、二四二～二四五頁。さらに、「泣き悲しみこがれる子ども」という主題が必ずしも日本に固有の神話的特徴ではないことについては、レヴィ＝ストロースの分析が参照されてもいいだろう。クロード・レヴィ＝ストロース『神話論理II　蜜から灰へ』（早水洋太郎訳、みすず書房、二〇〇七年）、四三七～四四五頁。

32　宣長全、五、四〇九頁。

33　鈴木朖『雅語音声考』、同『言語四種論・雅語音声考・希雅』（勉誠社、一九七九年）所収。

34　小説の文体の他者性、ポリフォニーの原理についてもっとも明確な理論的定式を提出したものとして、ミハイル・バフチン『小説の言葉』伊東一郎訳（平凡社ライブラリー、一九九六年）をあげておく。
35 井上頼圀監修『平田翁講演集』（平田學會蔵版、法文館書店、一九一七年）、四四頁。
36 神野志隆光『漢字テキストとしての古事記』（東京大学出版会、二〇〇七年）。

あとがき

本書は当初、東京外国語大学大学院地域文化研究科に提出した博士論文『モノ・コト・コトバ——国学思想におけるファンタスマのトポス』（二〇〇四年三月に学位授与）の加筆修正にもとづく出版として企画された。しかし、二〇〇三年一二月に脱稿したもとの原稿は、外国語文献からの過剰な引用もさることながら、ポスト構造主義の批評理論と本居宣長の言語への態度とをうまく結びつけられていないという重大な欠陥をかかえたままであった。宣長の認識論に表象や情動をめぐる言説史上の意義を認めながら、その古道論にかんしては従来の批判を接木しなければならなかったのである。さらに、近世思想史のテクストの処理においておかしていたいくつかの初歩的な誤りも看過しがたかった。また、博士論文では、国学の言語論の帰趨を見定めるために、鈴木朖や大国隆正、平田篤胤、鈴木雅之、そして幕末・明治初頭の農民一揆の言説まであつかっていたが、これも割愛し、みられるように、本居宣長の古学についての議論に絞った。したがって、博士論文をもとにしてできあがった本書であるが、実際には博士論文とは別のもうひとつの本居宣長論と考えられなければならない。博士論文提出から本書の刊行まで三年あまりかかっているのは、この新たな書き下ろしを必要としたからである（ただし、本書のうち、第三章のみは『季刊日本思想史』六九号（二〇〇六年一〇月、ぺりかん社）に発表した。転載を許可いただいたぺりかん社には感謝申し上げる）。

加筆修正が別の原稿を必要とするにいたったことには、もうひとつの理由がある。筑摩書房版の『本居宣長全集』は、本居宣長記念館の尽力もあいまって、思想・文学・歴史にわたる日本研究の資料のなかでも、なみはずれてすぐれた体系的構成と資料的な精度をもった知的遺産のひとつである（もちろんこれには、先行する吉川弘文館版と未完ではあれ岩波書店版の全集の存在も大きい）。したがって、研究者は、この『全集』に沿いながら宣長を読み、そこから逸脱や隠れた思考の軌跡をさがさなければならない。当然ながら日夜どこかで産み落とされている宣長研究への目配りや資料発掘の成果も忘れてはならないが、そうした努力はまた、周到に配置され解説が施された『全集』がつくりだす語りの文脈を前提とした読みへと戻る。それは不断に精度と密度を増していく円環である。だが、この円環の外にでるのは非常に困難である。私の場合、その脱出の契機は、まったく外在的にも、日本の国外で大学での教育職を得たということで到来した。そのきっかけがなければ、私はまだ自家撞着的な、役立たずの原稿をかかえて右往左往していたはずである。日本という知的空間の外に出て宣長という対象を考える時間をもつことができたために、構成の変更になんの躊躇も要さなかったのであり、したがって本書の上梓が可能になったのである。

さて、大学を出てから一〇年近く、近代の被差別部落の歴史を学び、それを職業にしていた私が、東京外国語大学の大学院に入学したのは、それまでの自分の仕事から生まれてきた疑問を形にするために、民衆史と歴史学理論を学びたかったからであった。専門的な歴史学の訓練を受けてきたわけでもなく、何の将来性もない私の希望について相談に乗っていただいたばかりでなく、さらに大学院入学後に民衆史の手ほどきをしていただいた稲田雅洋教授にはまず最初に心から感謝の言葉を述べなければならない。さらに、博士前期課程修了後に留学したコーネル大学アジア学部の酒井直樹、ヴィクター・コシュマン、比較文学部のティモシー・マーレーの諸先生方にもお礼を申し上げたい。民衆史への関心が民衆思想史へ、そして思想史そのものへと移っていったのは、東京外語大の博士前期課程在籍時からその授業に参加することができた酒井直樹教授のもとでの知的訓練にあずかっている。ティモシー・マーレー教授はろくに英語もできない日本から来た留学生に大学院のセミナーへの参加を許してくれ、バロック芸術からピーター・グリーナウェイまで、ホッブズからドゥルーズまでという目もくらむような表象史と表象理論の世界に導いてくれた。そして、博士論文および本書がこのような形で仕上がるまでには、博士後期課程における指導教官であった上村忠男教授の学恩抜きにはありえなかっただろう。大学院でのセミナーにおいて、さらにはあまりにもあつかましい私たちの無理を聞いていただいた上村教授宅での勉強会をとおして、流行の尻馬に乗ることばかりを考えていた私は自分なりの世界をつくりあげはじめたからである。それは博士論文を書くという行為において、さらに学問の世界で生きていくことにおいて、何よりも決定的なことがらでありつづける。

博士論文審査において厳しくかつ丁寧にご教授いただいた安丸良夫教授、宮川康子教授、村尾誠一教授、水林章教授の先生方にもこの場を借りてお礼を申し上げたい。民衆史と民衆思想史を勉強したいと考えるほとんどの学生がそうであるように、私も安丸教授の研究から出発している。博士論文審査において直接の指導を賜ったという幸運をいつまでも喜びたい。また、論文審査のときにとどまらず、大阪懐徳堂での例会のあとでの宮川先生の叱咤は、日本思想史のいかなる学会とも関係がなかった私にとって、貴重な指針となった。さらに、東京での、また京都での研究会への参加を許していただき、生意気な私の発言に耳を傾けていただいた子安宣邦教授にもお礼を申し上げねばならない。すべては私の責任に帰するとはいえ、子安教授の思想史研究から受けた影響は本書に明らかである。論文執筆時には、東京外国語大学に客員教授でいらしていた小林敏明先生、孫歌先生のおふたりに、ゼミのようなサロンのような場で、私の相談事を聞いていただいた。そして、その時に交わされた言葉もまた、本書のあちこちに反響している。

本書の出版を快諾していただいた三元社の石田社長には、感謝のことばもない。このような反時代的な本の出版が可能になるとは、実のところ最後まで信じられない思いである。

謝意は、石田社長をご紹介いただいたぺりかん社の藤田啓介氏にも表したい。また、ぎりぎりまで本書の原稿の下読みにつきあってくれた友人の師玉真理にも心からありがとうといいたい。

ここにあげられないさらに多くのご協力とご助言をいただいた友人諸氏の方々にお礼を申し上げたい。また、両親に対しては、これによって、多年にわたる心労に少しばかりでも報いたことになればと思う次第である。最後に、本書の草稿のほとんどが、二〇〇五年と二〇〇六年の夏休み、冬休み、春休みの期間に中国・廈門の私のアパートで、あるいは大学近くの喫茶店で書かれたことを申し添えておきたい。廈門大学という教育研究環境がなければ、そして先生方と学生たちとの対話がなければ、本書はここに存在しない。だから、この本は、私の廈門大学の日々に捧げたい。

二〇〇七年六月　廈門にて

友常勉

参考文献

Burns, Susan L., *Before the Nation, Kokugaku and the Imaging of Community in Early Modern Japan* (Durham: Duke University Press, 2003)

Derrida, Jacques, *Donner le temps : 1 La fausse monnaie* (Paris: Galilée. 1991)

Gumbrecht, Hans Ulrich, *The Power of Philology: Dynamics of Textual Scholarship* (Urbana and Chicago:University of Illinois Press,2003).

Klassen, Julie Anne Grover, *August Boeckh's HERMENEUTIK and its Relation to Contemporary Literary Scholarship* (A Ph.D dissertation submitted to the department of German Studies and the Committee on Graduate Studies of Stanford University, December, 1972)

アーレント、ハンナ『過去と未来の間』（引田隆也・斎藤純一訳、みすず書房、一九九四年）

アガンベン、ジョルジュ『残りの時　パウロ講義』（上村忠男訳、岩波書店、二〇〇五年）

東より子『宣長神学の構造　仮構された「日本」』ぺりかん社、一九九九年）
アルチュセール、ルイ／ランシエール、ジャック／マシュレー、ピエール『資本論を読む上』（今村仁司訳ちくま学芸文庫、一九九六年）
アンダーソン、ベネディクト『増補　想像の共同体　ナショナリズムの起源と流行』（白石隆・白石さや か訳、NTT出版、一九九七年）
伊藤仁斎『語孟字義』、『日本思想大系　伊藤仁斎　伊藤東涯』（岩波書店、一九七一年）
上田秋成『上田秋成全集』第一巻（中央公論社、一九九〇年）
上村忠男『ヴィーコの懐疑』（みすず書房、一九八八年）
――『ヘテロトピアの思考』（未来社、一九九六年）
――『韓国の若い友人への手紙　歴史を開くために』（岩波書店、二〇〇六年）
鵜飼哲「ある情動の未来――〈恥〉の歴史性をめぐって」多言語文化理論誌『トレイシーズ』第一号（岩波書店、二〇〇〇年）
荻生徂徠『日本思想大系　荻生徂徠』（岩波書店、一九七三年）
――「徂徠先生答問書」、『日本古典文学大系　近世文学論集』（岩波書店、一九六六年）
――『荻生徂徠全集』（みすず書房、一九七七年）
奥村隆『エリアス　暴力への問い』（勁草書房、二〇〇一年）
折口信夫『国文学の発生』、『折口信夫全集』第一巻（中央公論社、一九九六年）
風間誠史「本居宣長の『文学』初期詠歌と『排蘆小船』を読む」（長島引明編『本居宣長の世界　和歌・注釈・思想』、森話社、二〇〇五年、所収）
ガダマー、ハンス＝ゲオルグ『真理と方法』Ｉ（轡田収・麻生健・三島憲一・北川東子・我

田広之・大石紀一郎訳、法政大学出版局、一九八六年）
金沢英之『宣長と『三大考』』（笠間書院、二〇〇五年）
賀茂真淵『冠辞考』、『賀茂真淵全集』第八巻（続群書類従完成会、一九七八年）
柄谷行人「伊藤仁斎論」、『ヒューモアとしての唯物論』（筑摩書房、一九九三年）
――『定本　柄谷行人集四　ネーションと美学』（岩波書店、二〇〇四年）
――『定本　柄谷行人集五　歴史と反復』（岩波書店、二〇〇四年）
カント、イマニュエル『判断力批判』上（篠田秀雄訳、岩波文庫、一九六四年）
菅野覚明『神道の逆襲』（講談社新書、二〇〇一年）
――『詩と国家「かたち」としての言葉論』（勁草書房、二〇〇五年）
岸本美緒『明清交替と江南社会　一七世紀中国の秩序問題』（東京大学出版会、一九九七年）
金英時〈戴東原与伊藤仁斎〉、《論戴震与章学城：清代中期学術思想史研究》（北京：三聯書店、二〇〇〇年）
黒住真『近世日本社会と儒教』（ぺりかん社、二〇〇三年）
神野志隆光『漢字テキストとしての古事記』（東京大学出版会、二〇〇七年）
小林秀雄『本居宣長』上・下（新潮文庫、一九九三年）
子安宣邦『本居宣長』（岩波新書、一九九二年）
――『「事件」としての徂徠学』（ちくま学芸文庫、二〇〇〇年）
――『平田篤胤の世界』（ぺりかん社、二〇〇一年）
――『伊藤仁斎の世界』（ぺりかん社、二〇〇四年）
近藤潤一「近代国文学の方法と批判」（西郷信綱他著、日本文学協会編『日本文学講座Ⅰ　方

法と視点』大修館書店、一九八七年）
龔鵬程《晩明思潮》（北京：商務印書館、二〇〇五年）
サイード、エドワードW.『始まりの現象　意図と方法』山形和美・小林昌夫訳（法政大学出版局、一九九二年）
――『世界・テキスト・批評家』山形和美訳（法政大学出版局、一九九五年）
西郷信綱『国学の批判』未来社、一九六五年
――『源氏物語を読むために』（平凡社ライブラリー、二〇〇五年）
酒井直樹『過去の声　一八世紀日本の言説における言語の地位』（酒井直樹監訳、川田潤他訳、以文社、二〇〇二年）
清水正之『国学の他者像　誠実と虚偽』（ぺりかん社、二〇〇五年）
ジュリアン、フランソワ『道徳を基礎づける　孟子vsカント、ルソー、ニーチェ』（中島隆博・志野好伸訳、講談社現代新書、二〇〇二年）
杉田昌彦「『物の哀をしる』ことの意義――『紫文要領』について」（東京大学国語国文学会『国語と国文学』七二巻六号、一九九五年六月）
鈴木朖『言語四種論・雅語音声考・希雅』（勉誠社、一九七九年）
世阿弥『日本思想大系　世阿弥　禅竹』（岩波書店、一九七四年）
檀作文《朱熹詩経学研究》（北京：學苑出版社、二〇〇三年）
筒井佐和子「世阿弥伝書における『無心』」『美学』三九（四）（一九八九年）
デリダ、ジャック『根源の彼方に　グラマトロジーについて』（足立和浩訳、思潮社、一九七二）

――『絵画における真理』上（高橋允昭・阿部宏慈訳、法政大学出版局、一九九七年）
ドゥルーズ、ジル『差異と反復』（財津理訳、河出書房新社、一九九二年）
時枝誠記『国語学原論』（岩波書店、一九四一年）
――『国語学史』（岩波書店、一九六六年〔一九四〇年版の改版〕）
友常勉「誠敬の政治思想」（『現代思想』vol.32-9、二〇〇四年八月）
ハイデガー、マルティン『存在と時間』下（細谷貞雄訳、ちくま学芸文庫、一九九四年）
橋川文三『日本浪漫派批判序説』（未来社、一九九五年）
バフチン、ミハイル『小説の言葉』（伊東一郎訳、平凡社ライブラリー、一九九六年）
菱木政晴『解放の宗教へ』（緑風出版、一九九八年）
平田篤胤『平田翁講演集』（井上頼圀監修、平田學會版、法文館書店、一九一七年）
深谷克己『百姓一揆の歴史的構造』（校倉書房、一九八六年）
――『百姓成立』（塙書房、一九九三年）
フッサール、エトムント『デカルト的省察』（浜渦辰二訳、岩波文庫、二〇〇一年）
ベルグソン、アンリ『物質と記憶』（阿部聰夫訳、駿河台出版社、一九九五年）
ホッブズ、トマス『リヴァイアサン』（二）（水田洋訳、岩波文庫、一九六四年）
丸山真男「歴史意識の古層」（『忠誠と反逆』ちくま学芸文庫、一九九八年）
三浦佑之訳・注釈『口語訳　古事記』（文藝春秋社、二〇〇二年）
三木清『三木清全集』第七巻（岩波書店、一九六七年）
宮川康子「『内なる言語』の再生――小林秀雄『本居宣長』をめぐって――」（『思想』二〇〇一年第12号、No. 932）

――「契沖学の系譜」『季刊　日本思想史』六九号（二〇〇六年一〇月）
宮島克一『宣長の哲学』（高山書院、一九四三年）
村井紀『文字の抑圧　国学イデオロギーの発生』（青弓社、一九八九年）
村岡典嗣『本居宣長』（岩波書店、一九二八年）
――『新編　日本思想史研究』（平凡社東洋文庫、二〇〇四年）
『孟子』下、小林勝人訳注（岩波文庫、一九七二年）
本居宣長『本居宣長全集』（筑摩書房、一九六七年）
百川敬仁『内なる宣長』（東京大学出版会、一九八七年）
――「漢心とやまとごころ」（『国文学　解釈と鑑賞』八五六号、二〇〇二年九月）
安田二郎・近藤光男『戴震集』（朝日新聞社、一九七一年）
義江明子「古代女帝論の過去と現在」（『岩波講座　天皇と王権を考える7　ジェンダーと差別』岩波書店、二〇〇二年）
吉本隆明『初期歌謡論』（河出書房新社、一九七七年）
――『言語にとって美とは何かI』（角川ソフィア文庫、二〇〇一年）
李静和『つぶやきの政治思想』（青土社、一九九八年）
レヴィ=ストロース、クロード『神話論理II　蜜から灰へ』（早水洋太郎訳、みすず書房、二〇〇七年）

人名索引

■あ

■か

■や

■ら

■わ

事項索引

■あ

■か

■さ

■た

■な

■は

■ま

■や

■ら

著者紹介

友常勉（ともつね・つとむ）

一九六四年、生まれ。

一九八九年、法政大学文学部卒業、東京外国語大学大学院地域文化研究科博士後期課程中退。

二〇〇四年、博士（学術）取得（東京外国語大学）。

専攻、日本近代史・日本思想史。

現在、廈門大学外文学院専家。

［著書］

『荒川の部落史』（共著、現代企画室、一九九九年）
『木下川地区のあゆみ・戦後編』（共著、現代企画室、二〇〇五年）

［論文］

「『もののあはれ』の美学的構造とその反-可能性」（『季刊日本思想史』69号、二〇〇六年）
「この時代の疲労と歓喜—賈樟柯《ジャジャンクー》『三峡好人《サンシャハオレン》』の映像言語」（東京外国語大学海外事情研究所『クアドランテ［四分儀］——地域・文化・位置のための総合雑誌』9号、二〇〇七年）等

始原《しげん》と反復《はんぷく》　本居宣長における言葉という問題

発行日　二〇〇七年七月二〇日　初版第一刷発行

著者　友常勉 © Tomotsune Tsutomu

発行所　株式会社三元社
〒一一三-〇〇三三　東京都文京区本郷一-二八-三六鳳明ビル
電話／〇三-三八一四-一八六七
FAX／〇三-三八一四-〇九七九
郵便振替／00180-2-119840

印刷＋製本　凸版印刷株式会社

コード　ISBN978-4-88303-200-6